Verlag Wissenschaft und Politik

Olly Komenda-Soentgerath

Im Schatten Prags

© 1990 bei Verlag Wissenschaft und Politik
Berend von Nottbeck, Köln
Umschlaggestaltung Regina Holland-Cunz
Gesamtherstellung Werbedruck Zünkler, Bielefeld 11
Printed in Germany · ISBN 3-8046-8748-2

Inhalt

Vorwort

Prag im Wandel der Zeiten: 51 Jahre nach der Besetzung der Tschechoslowakei durch die deutsche Wehrmacht, mehr als 40 Jahre nach der Gründung eines sozialistischen Staates und 22 Jahre nach der blutig niedergeschlagenen Bewegung des »Prager Frühlings« erlebt die Goldene Stadt an der Moldau einen vielversprechenden Aufbruch zu neuen Ufern. Demokratie und Freiheit säumen diese Ufer.

Olly Komenda-Soentgerath hat sämtliche Veränderungen miterlebt: zunächst noch als persönlich Betroffene vor Ort, seit 1946 dann als aufmerksame Beobachterin aus ihrer Wahlheimat Köln.

Kindheit und Jugend verbrachte Olly Komenda in der ersten, am 28. Oktober 1918 gegründeten tschechoslowakischen Republik. In Prag wurde sie 1923 geboren; hier ging sie zur Schule, hier studierte sie später an der Karlsuniversität, der ältesten deutschen Alma mater (sie wurde 1348 gegründet), Germanistik und Geschichte. Im »Prager Tagblatt« hat die heute als Lyrikerin und Übersetzerin des tschechischen Literaturnobelpreisträgers Jaroslav Seifert bekannte Autorin 1941 ihre ersten Verse und Erzählungen veröffentlicht.

Wie viele Prager Deutsche in den zwanziger und dreißiger Jahren wuchs Olly Komenda zweisprachig auf. Damit stand sie persönlich für jenes multikulturelle Denken ein, das im damaligen Prag Tschechen und Deutsche auf so befruchtende Weise miteinander verband. Bis der nationalsozialistische Terror in die friedliche Koexistenz einbrach und sie brutal zu zerstören begann.

Als nach der Münchener Konferenz vom 29. September 1938, an der Hitler, Mussolini, Chamberlain und Daladier teilnahmen, die Tschechoslowakei ihre sudetendeutschen Gebiete an das Deutsche Reich abtreten mußte, wurden in

7

Prag die drei deutschen Theater geschlossen. Olly Komendas Vater verlor seine Stelle als technischer Leiter dieser Bühnen und siedelte deshalb mit seiner Familie nach Aussig (an der Elbe) über; am dortigen städtischen Theater fand er eine neue Beschäftigung.

Am 15. März 1939 marschierte die deutsche Wehrmacht in den tschechischen Rumpfstaat ein und proklamierte das »Reichsprotektorat Böhmen und Mähren«. Daraufhin wurden in Prag alle deutschen Institutionen wie Universität und Theater wieder geöffnet. Doch das geistige Klima in der Stadt sollte sich schon bald radikal verändern.

Im Herbst 1939 kam es in der Prager Innenstadt zu großen Demonstrationen gegen die deutsche Besatzung. Höhepunkt der Protestaktionen war ein Studentenaufstand am 17. November, der von vier Hundertschaften der deutschen »Schutzpolizei« blutig niedergeschlagen wurde; mehr als tausend Studenten kamen damals ins Konzentrationslager Sachsenhausen; noch am Morgen des 17. November wurde die tschechische Universität, viele andere Hochschulen, alle medizinischen Institute sowie das allgemeine Krankenhaus am Karlsplatz geschlossen und von der Polizei besetzt. Sie konnten erst nach Kriegsende wieder öffnen. Die lange Unterbrechung des Lehrbetriebes hatte für die tschechische Intelligenz und Kultur verheerende Folgen.

Ende 1939 waren die Komendas in die »Goldene Stadt« zurückgekehrt, die inzwischen viel von ihrem einstigen Glanz verloren hatte. Olly besuchte wieder wie früher das Stephansgymnasium. Nach dem Abitur im März 1942 wurde sie von den Deutschen für ein Jahr zum Arbeitsdienst nach Bayern geschickt. Dort erfuhr sie erst aus der Zeitung vom Attentat auf den stellvertretenden Reichsprotektor und SS-Sicherheitschef Reinhard Heydrich im Sommer 1942 und vom grausamen Vergeltungsschlag der »SS« im Dorf Lidice: Die Männer wurden erschossen, Frauen und Kinder in ein Konzentrationslager abtransportiert.

Wieder bei ihren Eltern, bekam Olly die Veränderungen im Umgang zwischen Tschechen und Deutschen, die Wut der Besetzten auf die Besatzer und alles, was deutsch war, zunächst nicht am eigenen Leib zu spüren; schließlich sprach sie ein akzentfreies Tschechisch und fiel deshalb nicht weiter auf. Der Vater eines ihrer Freunde im Rheinland schätzte die Situation etwas realistischer ein: Im März 1945 sandte er den Komendas einen Möbelwagen und forderte sie dringend auf, samt Hab und Gut sofort nach Bayern aufzubrechen. Während sich Vater Komenda in französischer Kriegsgefangenschaft befand, fühlten sich Frau und Tochter als echte Pragerinnen nicht bedroht. Also schickten sie den Möbelwagen wieder fort. So nahm das Schicksal seinen Lauf.

Die Komendas konnten ja nicht ahnen, daß unmittelbar nach dem Ende des Zweiten Weltkrieges und der Wiederherstellung des tschechoslowakischen Staates radikale tschechische Revolutionsgardisten, eingedenk der jahrelangen Knechtung und der nationalsozialistischen Greueltaten, die in Prag verbliebenen Deutschen aus der Stadt treiben, daß sie dabei auch vor den Komendas nicht haltmachen würden; sie wohnten zu dieser Zeit unglücklicherweise ausgerechnet im deutschen Viertel. Vor allem dort holten die Gardisten nun die Menschen aus ihren Wohnungen, auch Olly und ihre Mutter. – Die damalige Vertreibung der Deutschen aus ihrer tschechischen Heimat hat der neue tschechoslowakische Staatspräsident Václav Havel anläßlich des Besuches von Richard von Weizsäcker in Prag als Unrecht bezeichnet. Viele seiner Landsleute teilen diese Ansicht.

In jenen unruhigen Prager Tagen begann die abenteuerliche Geschichte der Olly Komenda, ihr langer Weg durch die Internierungslager, der sie und ihre Familie eineinhalb Jahre später in einem Viehwaggon in das noch völlig zerstörte Köln führte.

Emmanuel van Stein

Der Tod zwischen Klappstühlen

So sieht also der Tod aus. Jung ist er, hat blondes Haar, ein blaues Kleid und ist eine Frau. Die Tschechen wissen das. *Ta* smrt. *Die* Tod. Sie liegt mir schwer in den Armen. Aber ich kann sie nicht fallen lassen und kann selber nicht fallen. Eingekeilt auf dem Kinositz zwischen Kinositzen. Links und rechts, vor mir und hinter mir Köpfe, Rücken und Profile. Voll besetzt. Ausverkauft. Die Tote in meinen Armen spreizt verkrampft ihre Finger. Wohin zeigt sie? Die vorgequollenen Augen starren an mir vorbei zur Decke des Kinos »OKO«.

OKO heißt Auge. Was sehen ihre Augen? Heute wird der Film im Zuschauerraum gespielt. Die Schauspieler, die auf den Sitzen keinen Platz mehr gefunden haben, hocken auf Koffern und Rucksäcken in den Seitengängen. Vielleicht sind es nur Statisten. Von der reglos blinden Leinwand da vorn über unseren Köpfen kommt keine Antwort.

Der Tod ist weiblich. Vor vierzehn Stunden hatte er noch kein Gesicht. Aber eine Stimme hatte er, und die klang wie das Donnern von Geschützen. Die Sprache kannte ich nicht. War es Deutsch, war es Russisch? Nicht zu überhören aber war, daß der Donner lauter wurde, daß er sich näherte.

Ich saß vor dem Volksempfänger in der Küche unserer Wohnung auf der vierten Etage in Prag-Holeschowitz. Dicht über dem Dach flogen die Geschosse, aber aus dem Volksempfänger kam deutsche Marschmusik. Siegessicher. Eins zwei, eins zwei. Dann mitten im Marsch ein Abbruch. Stille.

War mein Radio kaputt? Wäre doch meine Mutter hier! Sie war vom Einkauf noch nicht zurück. Daß sie in diese Wohnung nie mehr zurückkehren würde, wußte ich damals noch nicht. Und mein Vater? Der war weit. In französischer Kriegsgefangenschaft. Ich konnte mit niemandem sprechen. Niemand sprach mit mir. Nur der sich nähernde Geschützdonner schien ein Ende zu verkünden. Das Ende der Kriegsleiden, dachte ich. Daß es der Anfang anderer Leiden war, konnte ich nicht heraushören.

Da, plötzlich begann der Volksempfänger wieder zu spielen. Und wieder Marschmusik. Diesmal mit Synkopen, beschwingt. Tschechische Marschmusik. Fast zum Tanzen. Jetzt haben die Tschechen den Rundfunk eingenommen, stellte ich mir vor. Jetzt kann es nicht mehr lange dauern. Dann ebenso plötzlich wieder Stille. Ich ging zum Fenster, sah auf die Straße.

Kein Mensch da unten. Eine völlig verlassene Straßenschlucht. Hinter mir nun wieder deutsche Marschmusik. Auf der Heide blüht ein kleines Blümelein. Aber es hatte noch nicht zu Ende geblüht, da, unmittelbar darauf, »Jaké je to hezké«. Raz, dva, tři, čtyři. Eins, zwei, drei, vier. Und dann eine tschechische Ansage, daß jetzt eine wichtige Verlautbarung verlesen würde.

Ich setzte mich vor den Empfänger, hörte zu, aber begriff nichts. Alle Deutschen werden aus der Tschechoslowakei ausgewiesen. Wieso ausgewiesen, wieso alle? Wer hat das verfaßt? Das betrifft sicher nur die deutsche Besatzungsmacht. Ich bin doch in Prag geboren. Mich betrifft das nicht. Nein, nein.

Es klingelte an meiner Tür. Das war sicher Herr Svoboda, mein Nachbar, ein Tscheche, der mich vorhin schon einmal in den Luftschutzkeller herunterholen wollte. Bei diesem Feuergefecht sei es hier oben zu gefährlich. Ich hatte ihm für seine Sorge gedankt, wollte aber in der Wohnung bleiben.

Ich öffnete die Tür. Es war nicht mein Nachbar. Ein junger Mann in Khakiuniform stand vor mir. Auf seiner Armbinde war ein rotes R zu lesen. Später erfuhr ich, daß es die Abkürzung für Revoluční garda, Revolutionsgarde, bedeutete. Sein Gewehr war geschultert. Er sagte »Pojď!« Komm! Ich stand, schaute ihn an, konnte mich nicht bewegen. »Pojď!« wiederholte er drohend und faßte mit beiden

Händen nach seinem Gewehr. »Kam?« fragte ich. Wohin? –
»Das wirst du schon sehen. Frag nicht soviel und komm!«
Er sah den Luftschutzkoffer in der Diele. »Den kannst du
mitnehmen«, sagte er großzügig und stieß mich zum Trep-
penhaus. Die gegenüberliegende Tür öffnete sich.
Herr Svoboda trat auf den Gang. »Lassen Sie das Mädchen«,
sagte er zu dem Uniformierten.
»Kümmere dich um deine eigenen Sachen«, schnauzte der
zurück.
Svoboda kam auf uns zu, wollte zwischen den jungen Mann
und mich treten. »Lassen Sie das Mädchen hier«, wiederholte Svoboda bittend. »Sie ist unschuldig.«
Der Mann in der Khakiuniform drängte ihn zurück und
stieß mich die Stufen hinunter.
»Alle Deutschen sind schuldig, alle!« schrie er.
»Alle« hallte es als Echo von den Wänden des Treppenhauses zurück.
Kein Mensch auf der Straße. Eine tote Stadt. Nein, nicht
ganz tot. Ab und zu bewegte sich im Fenster eine Gardine.
Und dann das Echo unserer Schritte. Der dumpfe Aufprall
des weit ausholenden Soldatenstiefels und das Getrippel
meiner Füße, die sich bemühten, mit ihm Schritt zu halten.
Der Soldat wußte, wohin es ging. Ich wußte es nicht.
Nach ein paar Straßenecken hörte ich fernes Stimmenge-
murmel wie von einer großen Menschenmenge. Es wurde
immer lauter, je näher wir kamen. Und dann, nach der
letzten Biegung, der Strossmayerplatz in der Sonne des
9. Mai 1945. Die gotische Kirche, die ihn am südlichen
Ende begrenzte, stand da wie immer. Sie hob ihre Türme
zum Blau des Himmels und merkte nicht, wie sich der Platz
vor ihr verändert hatte.
Menschen, so viele Menschen. Meist Frauen und Kinder.
Sie standen herum, gingen herum, saßen auf Koffern. Der
Soldat an meiner Seite führte mich zu einem anderen
Soldaten mit R-Binde mitten im Gedränge. »Tady zusta-
neš.« Hier bleibst du, sagte er zu mir und ging, um den
nächsten zu holen.

13

Der Strossmayerplatz ist die Place de l'Etoile im Kleinformat. Strahlenförmig gehen Haupt- und Nebenstraßen von ihm aus. Und aus allen Strahlen aller Himmelsrichtungen wurden weitere Frauen, Kinder und Männer von Gardisten herangeführt. Der Platz füllte sich immer mehr, das Stimmengewirr wurde immer lauter.

Aber über all dem Geraune, überhöht von einzelnen Kinderschreien und Befehlen der Revolutionsgarde, näherte sich dröhnendes Motorengeräusch und Kettengerassel. Ein anschwellendes Crescendo. Irgendwo von der Moldau mußte es herkommen. Alle Ohren, alle Augen spannten sich in diese Richtung. Und da hob sich schon aus der Messegasse das Geschützrohr eines Panzers über Kettenrädern. Ein zweiter, dritter, vierter Panzer folgte. Russische Panzer. »Hände hoch!« schrie ein Gardist über den Platz und machte es uns vor. »Hände hoch und die Faust geballt!«

Frauen, Männer, Kinder, wir alle am Straßenrand begrüßten die russischen Panzer mit dem internationalen kommunistischen Gruß. Die Soldaten, stehend in ihren Panzern, freuten sich über die unerwartete Begrüßung, winkten und jubelten uns zu.

Das war wohl ein Regiefehler. Die Gardisten schrien: »Hände runter, Hände runter!« Der Rest der Panzerkolonne wurde um die Begrüßungsfreude gebracht. Er fuhr an einer schweigenden Menschenmenge vorbei.

Und was war das da drüben? Wieso hatte die Frau eine grüne Stirn? Und die Frau neben ihr auch? Und alle Männer und Frauen um sie herum? Hakenkreuze erkannte ich, als ich näher hinsah. Lauter Hakenkreuze.

Und da stand auch vor mir schon ein Mann mit einem Farbtopf. Ein anderer hielt mich am Kinn fest und malte mir mit ein paar Strichen – er hatte inzwischen Übung darin – ein grünes Hakenkreuz auf die Stirn. »Aťto nezmažeš!«, sagte er. Nicht, daß du es abwischst. Das brauchte ich nicht. Das brauchten wir alle nicht. Die warme Maisonne besorgte es für uns. Sie ließ die Hakenkreuze über unsere Nasen und Wangen herabtropfen. Die Gardisten schauten weg, wenn wir die grüne Brühe mit dem Taschentuch wegwischten.

Stunde um Stunde läutete die Kirchturmglocke über dem Platz. Die Sonne begann zu sinken, und dort, ganz vorn, in der Nähe der Sommerbergstraße, begann man sich zu formieren. In Sechserreihen hintereinander. Männer, Frauen, Kinder, auf beiden Seiten von Gardisten bewacht, setzten sich in Bewegung. Es ging die Sommerbergstraße hinauf. Mag sein, daß wir nicht mehr viel Zeit hatten. Wir wurden angetrieben und in das Kino OKO am Sommerberg hineingedrängt. Wir schoben uns in die Stuhlreihen. Taschen und Koffer verschwanden unter den Klappsitzen. Rechts von mir saß eine junge Frau in blauem Kleid, neben ihr ein junger Mann. Vermutlich ein Ehepaar.

Da nähern sich auf einmal zwei Gardisten. Einer geht die linke Stuhlreihe ab, der andere die rechte. Männer stehen von ihren Sitzen auf und schieben sich in den Mittelgang. Eine ganze Gruppe steht schon dort und wartet. Jetzt kommen sie zu unserer Stuhlreihe. »Pojdˇ, pojdˇ!« ruft der Revolutionsgardist und zeigt auf den Mann neben meiner Nachbarin. Er stellt sich zu der wartenden Gruppe. Immer mehr Männer versammeln sich im Mittelgang. Immer mehr nähern sie sich dem Hinterausgang und verschwinden dort schließlich mit den Gardisten.

Vielleicht schlafe ich ein, denke ich. Vielleicht schlafe ich ein, und wenn ich dann wieder aufwache, liege ich zu Hause im Bett, und alles war nur ein böser Traum. Ich schließe die Augen, höre Stimmengewirr. Gleichmäßiges Rauschen. Zwischendurch die Fontäne eines Schreies. Ab und zu schaue ich auf. Ein tschechischer Polizist und eine deutsche Krankenschwester gehen im Gang zwischen den Stuhlreihen auf und ab. Ich bin so müde. Wie spät ist es? Die Glühbirnen an der Decke über den Eingangstüren geben keine Antwort. Fenster gibt es nicht und keinen Himmel. Das Geraune wird leiser, immer leiser. Mein Kopf sinkt auf die Brust. Ich schlafe. Wie lange, weiß ich nicht.

Jemand stößt mich an. Jemand will sich an meinen Knien vorbeizwängen. Ich schrecke hoch. Da erkenne ich ihn. Es ist der Mann aus unserer Reihe, den sie vorhin abgeholt haben. Was hat er denn für rote Strähnen auf den Wangen, auf der Stirn? Er fällt neben meiner Nachbarin auf den Sitz. Sie spricht auf ihn ein. Er antwortet mühsam. Ich höre etwas von Barrikaden, die von den Deutschen gegen den Einmarsch der russischen Armee errichtet worden waren. Ich höre, daß er beim Abräumen der Barrikaden gepeitscht wurde. Und dann bricht es aus ihm heraus: »Ich werde nie mehr mitgehen! Keiner kann mich zwingen, keiner!« O doch, denke ich. Du wirst wieder gehen. Was kannst du dagegen tun?

Die junge Frau neben mir winkt die Krankenschwester heran, die auf dem Gang zwischen den beiden Sitzreihen auf und ab geht. Ein tschechischer Polizist geht neben ihr. »Können Sie mir ein Glas Wasser und einen Löffel bringen?« ruft sie über die Köpfe zu ihr hinüber. Die Krankenschwester geht den langen Gang zurück. Verschwindet hinter einer Tür. Mit einem halb gefüllten Wasserglas und einem Löffel kommt sie zurück. Beides wird von Hand zu Hand in der Stuhlreihe weitergegeben.

Die junge Frau im blauen Kleid gibt etwas in das Glas und rührt mit dem Löffel. Sie gibt ihrem Mann zu trinken und trinkt selbst den Rest. Das Glas mit dem Löffel gleitet ihr aus den Händen zu Boden. Sie läßt es liegen. Ich auch. Ich bin zu müde. Will schlafen.

Aber das sehe ich, wie sie vorn überkippt und ihr Kopf auf die Vorderlehne fällt. Ich schaue zu ihrem Mann hinüber. Warum kümmert er sich nicht um sie? »Was ist mit Ihnen?« frage ich und neige mich zu ihr. Sie antwortet nicht. Ich wiederhole meine Frage. Sie schweigt. Ich versuche sie aufzurichten. Sie fällt rückwärts in meine Arme.

Der Tod ist jung, hat blondes Haar, ein blaues Kleid und ist weiblich. Der Polizist nimmt mir die Tote aus den Armen. Die Krankenschwester hebt das Glas und den Löffel vom Boden auf. Das blaue Kleid schaukelt auf den Armen des

Polizisten durch den Mittelgang nach rückwärts. Da kippt der junge Mann vornüber. Ich frage ihn nicht. Ich ziehe ihn zurück. Er fällt mir in die Arme. Er spreizt verkrampft die Finger. Seine vorgequollenen Augen starren an mir vorbei zur Decke.

Die Tod ist ein Mann. Als mir der Polizist den starren Körper aus den Armen nimmt, sagt er: »Zyankali.«

Ist Todesstarre ansteckend? Ich sitze aufrecht, bewegungslos auf meinem Klappsitz, schaue mit blinden Augen vorn auf die blinde Leinwand. Nur wenn draußen Schüsse knallen, wenn Schreie gellen, zucke ich zusammen. Immer wieder Schüsse, immer wieder Schreie.

Wie lange diese Nacht dauert, weiß ich nicht. Hier drinnen ist immer Nacht. Aber irgendwann beginnen die Menschen in der ersten Reihe aufzustehen und sich langsam zur Seitentür hinauszuschieben. Dann die zweite Sitzreihe und die nächste, bis schließlich ein Gardist – jetzt erst habe ich ihn bemerkt – auch uns herauswinkt.

Die Seitentür führt zum Hinterhof des Kinos. Dort stehen Menschenschlangen im Tageslicht. Vielleicht ist es schon Mittag. Ganz vorn scheint es etwas zu essen zu geben. Allmählich näherrückend, sehe ich drei R-Gardisten, einen großen Kessel, davor auf dem Boden einen Haufen leerer Konservendosen und daneben einen Tisch mit Brotschnitten.

Als ich an die Reihe komme, hält mir der erste eine leere Konservendose hin, der zweite kippt einen Schöpflöffel voll Suppe hinein, der dritte reicht mir eine Scheibe Brot. Löffel gibt es nicht, aber die Suppe ist dünn. Ich setze die Konservendose an die Lippen und trinke.

Der Rückweg vom Suppenkessel führt an der anderen Seite des Hinterhofs vorbei. Dort liegen aufgereiht an der Wand sechs Gestalten. Sie sind zugedeckt mit grauen Tüchern, nur die Schuhe schauen noch heraus. Fünf Paar Männerschuhe, ein Paar Frauenschuhe.

Der Tod ist beiderlei Geschlechts.

Lazarett

»Die beiden haben zu früh aufgegeben«, sagt die Krankenschwester, als ich ihr das Portemonnaie bringe, das ich
unter dem Sitz der blonden Frau im blauen Kleid gefunden
habe.
»Bei vielen Verwundeten in unserem Lazarett hätte ich
eine solche Verzweiflungstat verstanden. Ohne Arme und
Beine, blind, taub, erfrorene Glieder, mit grausamen
Schmerzen. Aber die hatten ja kein Zyankali, und manche
von ihnen hätten es gar nicht zum Mund führen können.
Die beiden haben zu früh aufgegeben«, wiederholt sie und
zeigt auf einen Stuhl vor dem Tisch in dem kleinen Raum
hinter der Kinokasse. »Setzen Sie sich doch«, fordert sie
mich auf, während sie auf ihrem Platz hinter demTisch
das Portemonnaie öffnet. Sie zieht ein paar Geldscheine
heraus, tschechische Kronen und deutsche Reichsmark,
und aus einem Seitenfach eine Fotografie: die blonde
Frau, angelehnt an ihren Mann, beide lachend.
»Wo war Ihr Lazarett?« frage ich.
»Am Moldau-Ufer gegenüber der Letná, dem Sommerberg. Dort war ich bis gestern. Dort haben sich die erbitterten Kämpfe zwischen den beiden Brückenköpfen vor
unseren Fenstern abgespielt.«
Es ist, als schaute sie über meinen Kopf hinweg irgendwo
in die Ecke des Raumes, als sie zu erzählen beginnt.
»Die deutsche Kampfgruppe leistete Widerstand auf unse-
rer Seite, vom Osten der Brücke bis zum Nationaltheater.
Von unserem Fenster aus waren aber nur die beiden
Brücken links und rechts zum Sommerberg einzusehen.
Den rechten Brückenkopf auf dem gegenüberliegenden
Ufer hatten die Revolutionsgardisten eingenommen. Der
Brückenkopf der linken Brücke war in deutscher Hand.
Vom Sommerberg herunter warfen die Gardisten Hand-
granaten, die unten auf der Straße detonierten.

Danach trat eine Pause ein, und Männer, teils nur mit der R-Binde gekennzeichnet, teils in Khakiuniformen, krochen aus dem Gebüsch hervor, um in Richtung der linken Brücke anzugreifen. Wir sahen, wie die Maschinengewehrgarben unserer Kampfgruppe auf das Pflaster prallten. Körper wirbelten hoch und fielen leblos auf die Straße. Ein Lastkraftwagen mit Gardisten fuhr langsam am Moldau-Ufer entlang. Sie versuchten ihre Leute zurückzuholen. Auch sie schossen mit Maschinengewehren in Richtung des linken Brückenkopfes. Mitten auf halbem Wege traf eine Granate den Wagen. Bretter, Menschen und Waffen flogen durch die Luft. Danach wieder diese unnatürliche Ruhe.«

Die Krankenschwester hört auf zu sprechen und starrt vor sich auf den Tisch. Ich habe sie kein einziges Mal unterbrochen. Warum erzählt sie mir das alles? Warum so ausführlich? Es ist, als wollte sie eine Last loswerden.

»Die Ruhe dauerte nicht lange«, fährt sie fort und hebt den Kopf. »Beide Seiten hatten schwere Verluste. Unsere verwundeten Soldaten schleppten sich bis hin zum Lazarett. Ein Feldwebel erzählte mir, als ich seinen Arm verband: ›Wir müssen durchhalten, bis die Armee kommt. Die Armee Schörner ist auf dem Rückzug zu uns. Wir haben nur mehr für vier bis fünf Tage Munition, dann müssen wir uns sowieso ergeben.‹ Die deutsche Kampfgruppe, mit nur leichten Waffen ausgerüstet, griff deshalb nicht an. Sie verteidigte nur den linken Brückenkopf. Aber die Revolutionsgardisten der Tschechen, mit erbeuteten und gekauften Waffen, versuchten immer wieder die zweite Brücke in ihre Gewalt zu bekommen. Wir erlebten vom Fenster aus vier Tage erbitterten Kleinkrieg vor unseren Augen.«

Die Krankenschwester drückt beide Handflächen gegen ihr Gesicht, als wolle sie nichts mehr sehen. Und ich möchte jetzt auch nichts mehr hören, aber ich bleibe sitzen und sage nichts. Da nimmt sie ihre Hände wieder vom Gesicht. Ihre Augen schauen an mir vorbei.

»So viele Verwundete!« sagt sie und wiederholt: »So viele
Verwundete! Sanitäter brachten immer neue herein.
Manche krochen auch auf allen vieren zum Lazarett. Alle
Gänge lagen voll Menschen, alle Räume und Stuben waren
überbelegt. Auf den Treppen saßen sie bis hinunter in den
Keller. Ich habe verbunden und geholfen, so gut ich
konnte.
Und am nächsten Tag das gleiche Bild. Wieder drüben auf
der Seite des Sommerbergs Einschläge von Granaten,
Rauchwolken, Menschen, die sich robbend am Boden
Meter um Meter in Richtung des linken Brückenkopfes
vorarbeiteten, bis sie, von Geschoßgarben getroffen, lie-
genblieben oder weggeschleudert wurden.«
Mit beiden Händen schiebt die Krankenschwester das
Portemonnaie auf dem Tisch hin und her, hin und her.
Dann spricht sie weiter: »Sicher kannten die Tschechen
die Lage unserer Truppen. Sicher wußten sie, daß die
Deutschen noch keinen Nachschub an Waffen und Munition und keine Reserve an Soldaten hatten. Bevor die
Armee eintraf, wollten die Gardisten den zweiten Brük-
kenkopf erobert haben. Es gelang ihnen aber nicht.
Am 8. Mai hielt die Armee Schörner, schwer bewaffnet,
genau vor unserem Lazarett an. Alle Verwundeten, die
laufen konnten und fast geheilt waren, versuchten von
der Truppe mitgenommen zu werden. Es gelang nur
wenigen, viele wurden wieder zurückgeschickt. In der
Nacht . . .«
Was in der Nacht geschah, erfahre ich nicht mehr. Die Tür
des kleinen Raumes öffnet sich. Herein kommt der tschechische Polizist, der meine toten Nachbarn fortgetragen
hat. Er schiebt eine junge Frau vor sich her, die ein in
Tücher gewickeltes Bündel an sich drückt. Als sie die
Krankenschwester sieht, streckt sie ihr ruckartig das
Bündel entgegen. Ihre Arme zittern. »Ist es tot?« schreit sie
in den Raum herein. »Ist mein Norachen tot? Ich habe ihr
seit zwei Tagen nur Wasser zu trinken gegeben. Kann ein
Kind daran sterben? Ist sie tot?«

Der Polizist winkt mir mit dem Kopf zu und zeigt auf die Tür. Ich soll den Raum verlassen. Ich gehe freiwillig, schließe hinter mir die Tür. Ich möchte weit, weit weg gehen, aber ich komme nur bis zum Zuschauerraum des Kinos OKO.

In Deckung

Wieder ein Kino. Diesmal ein vornehmes. Über gepolsterten Klappsitzen eine große Kuppel. Und nicht das Gedränge wie im Kino OKO. Fast leer ist es. Ab und zu in einer Reihe der Kopf einer alten Frau oder eines alten Mannes. Hier kann ich es mir bequem machen, denke ich, als uns die Revolutionsgardisten die Treppe in den Zuschauerraum hinunterdrängen. Sie stoßen uns in die freien Stuhlreihen. Ich gehe hinter einer alten Frau her, lasse zwischen ihr und mir einen Sitz frei und schiebe meinen Koffer unter den Klappsitz. So werde ich mich beim Schlafen über die rechte Lehne neigen können.

Aber zum Schlafen kommen wir nicht. Immer wieder werden Frauen und Mädchen, manchmal auch Männer von Gardisten heruntergeführt. »Die kommen von der Arbeit«, sagt eine Frau zwei Reihen vor mir. Sie scheint schon länger hier zu sein und sich auszukennen. Aber obwohl immer mehr Menschen die Treppe heruntersteigen und sich in die Stuhlreihen schieben, wird der Zuschauerraum nicht voller. Sonderbar, denke ich. Aber ich bin zu müde, um nach einer Erklärung zu suchen.

Ich stütze meinen Arm auf die rechte freie Lehne und schließe die Augen. Wieder weiß ich nicht, wie lange ich geschlafen habe, als eine laute Stimme mich aufschreckt. »Vzbuďte jí tam, tu v těch červenejch šatech!« Weckt sie auf, die dort in dem roten Kleid. Und noch einmal: »Vzbuďte jí tam . . .« Da werde ich von rückwärts angestoßen. Eine Frau sagt: »Er meint Sie.« Wer meint mich? Und wieso mich? Und dann wieder ». . . die mit dem roten Kleid«. Ich schaue an mir herab. Ich habe ein rotes Kleid an. Ich schaue zum linken Gang neben unserer Stuhlreihe. Da steht ein Gardist und zeigt zu mir herüber. »Ja, du, komm her, aber etwas plötzlich.« Ich rühre mich nicht. »Aufstehen!« brüllt er. »Herkommen!« »Der sucht Mädchen für russische Offiziere«, höre ich eine Stimme hinter mir. Der Gardist nimmt sein Gewehr von der Schulter. So schieß doch, denke ich, schieß doch, dann ist alles vorbei. Er schießt nicht. Ein Schrei reißt seinen Kopf nach oben. Nach oben zum Balkon. Und wieder ein Schrei und wieder. Ein Tumult über unseren Köpfen. Der Gardist läuft zur Seitentür, stößt sie auf und verschwindet.

Da klopft mir jemand von rückwärts auf die Schulter. »Jetzt aber schnell in Deckung«, sagt eine alte Frau. Oder ist sie gar nicht so alt?

»In Deckung?«

»Ja, hier unter Ihrem Sitz! Und wenn Sie zum Klosett müssen, dann nur mit Kopftuch und geschminkten Falten.«

Ich verschwinde unter dem Sitz neben meinem Koffer, rolle mich ein. Ich bin ein Embryo, denke ich. Ein Embryo ohne den Schutz der Mutter. Aber ein Kopftuch habe ich im Koffer, das weiß ich. Und schwarze Schminke?

»Schwarze Schminke kann ich Ihnen leihen«, sagt die Frau hinter mir. Sie ist auch in Deckung gegangen. Wir verständigen uns unterirdisch.

Und da erst merke ich, wie diese Unterwelt aussieht. Vor mir und hinter mir, links und rechts lauter Embryos, eingerollt wie ich unter den Klappstühlen. Manche tuscheln miteinander. Manche liegen reglos. Vielleicht schlafen sie. Und vielleicht gelingt es auch mir, mit den Knien am Kinn einzuschlafen.

Der Sitz über mir ist leer, wie so viele Sitze in diesem vornehmen Kino.

Das Rettungsseil

Kloster Břevnov. Die prachtvolle Architektur interessiert mich nicht. Mich interessiert nur, daß es ein Kloster ist. Hier werden uns sicher Mönche bewachen. Bewachen und beschützen, denke ich. Hier müssen wir uns nicht unter den Klappstühlen eines Kinos verstecken, eingerollt zu einem schmerzenden Knäuel. Hier, in dieser Zelle, können wir acht Frauen ausgestreckt liegen. Die Frau drüben in der Ecke hat sogar ein Kind, und auch das hat noch Platz.

Ich breite meinen Mantel am Boden aus, hole etwas Unterwäsche aus meinem Koffer und wickle sie in mein Kopftuch. Das gibt ein weiches Kopfkissen. Ich lege mich, ausgestreckt bis zu den Fußspitzen, das tut gut, so könnte ich liegenbleiben.

Aber da öffnet sich die Tür. Der da hereinkommt, ist kein Mönch. Es ist ein Revolutionsgardist in Khakiuniform mit einem roten R auf der Armbinde. Er befiehlt: »Alle Waffen und Messer, aller Goldschmuck, Armbanduhren und sonstige Wertgegenstände müssen im Büro eine Etage tiefer abgegeben werden. Aber schnell!« fügt er mit Nachdruck und weitausholender Armbewegung hinzu.

Wir schauen einander ratlos an. »Schnell!« wiederholt er und beobachtet uns. Meine Nachbarin löst den Verschluß ihrer Ohrringe. Die Frau gegenüber zieht ihre Halskette über den Kopf. Ich streife meinen Ring ab, lege ihn neben mich auf den Mantel, und die Armbanduhr lege ich dazu. Was brauche ich jetzt noch zu wissen, wie spät es ist! Ich lebe nicht mehr, ich werde gelebt.

»Und auch alle Wertgegenstände aus euren Koffern und Taschen!« ruft der Mann von der Tür her. Taschen werden geöffnet, Koffer aufgeklappt. Ich hole mein goldenes Armband aus der Seitentasche meines Koffers und lege es zu Ring und Uhr. Mehr habe ich nicht.

»So, und jetzt schnappt ihr eure Sachen und raus hier, los, los! Wartet vor der Tür auf mich«, befiehlt der Gardist, und wir gehorchen. Er führt uns eine Treppe tiefer.

Ein langer Gang dehnt sich vor uns. An der Wand stehen Frauen und Männer. Reglos, steif, die Stirn gegen die Wand gedrückt. Sie sehen sich nicht nach uns um. Der Gardist führt uns an ihnen vorbei bis zu einer Tür in der Mitte des Ganges. Er öffnet sie, führt uns hinein.

Hinter einem Tisch steht ein Mann in Hemdsärmeln. »Ablegen! Hier herein«, sagt er und deutet auf den Korb neben dem Tisch. Wir werfen alles hinein, was wir in Händen halten. Weiter rückwärts im Raum stehen noch andere Körbe.

Der Gardist führt uns wieder auf den Gang. Die Frauen und Männer von vorhin sind nicht mehr da. Jetzt müssen wir uns mit dem Gesicht zur Wand stellen. Jeder von uns bekommt zwischen Stirn und Wand eine Streichholzschachtel geklemmt.

»Wehe, wenn sie herunterfällt«, droht der Gardist.

Die Hände müssen wir an die Hüfte legen. Jetzt wird mir klar, warum unsere Vorgänger so reglos dastanden. Auch wir stehen reglos. Stehen und stehen. Wie lange? Ich weiß es nicht. Mir wird es schwarz vor Augen. Die Streichholzschachtel verschiebt sich. Ich greife schnell nach ihr, bringe sie wieder in die richtige Lage. Der Gardist hat es nicht gesehen.

Und dann endlich scheint er ein Zeichen bekommen zu haben. Er nimmt uns die Streichholzschachteln ab und führt uns in unsere Zelle. Dort liegen alle Koffer und Taschen geöffnet herum. Der Inhalt ist auf dem Boden verstreut. Wir beginnen Kleider und Jacken, Strümpfe und Hosen und was sonst noch herumliegt wieder in die Koffer und Taschen zu packen. So ordentlich wie vorher ist es jetzt nicht mehr. Es soll nur schnell gehen. Schnell hinstrecken. Schnell auf meinen Mantel hinstrecken!

Aber da öffnet sich schon wieder die Tür. Ein tschechischer Offizier kommt herein. Er schaut sich in der Zelle um. Dann winkt er mich zu sich heran. Ich denke an die Deckung unter den Klappstühlen des Kinos und möchte mich am liebsten unter meinen Mantel verkriechen, mich unsichtbar machen. Hat der Offizier mein erschrockenes Gesicht gesehen? Er kommt durch die Zelle auf mich zu, beugt sich nieder und sagt: »Ich will Ihnen helfen und kann es nicht anders. Kommen Sie nur. Ich werde Ihnen helfen.«

Da ist etwas in seinen Augen, in seiner Stimme, das nicht lügt. Ich glaube ihm, stehe auf und gehe mit.

Vor der Tür warten schon drei Mädchen. Der Offizier öffnet die nächste Zelle und geht hinein. »Er sagt, er will uns helfen«, sagt eines der Mädchen und hält sich ihre braunen Zöpfe mit beiden Händen über der Brust zusammen.

»Mir hat er das auch gesagt«, flüstere ich ihr zu, denn da kommt der Offizier schon wieder zurück mit zwei weiteren Mädchen.

Und so geht es von Zellentür zu Zellentür bis zum Ende des langen Ganges. An der letzten Tür ist ein Schild mit einem roten Kreuz befestigt. Darunter steht in Tschechisch »Achtung, Ansteckungsgefahr!« Etwas tiefer zwei Worte in kyrillischer Schrift mit einem Ausrufezeichen. Vermutlich die Übersetzung. Der Offizier öffnet die Tür.

»Kommt herein«, sagt er.

Wir sind inzwischen zu einer Gruppe von fünfzehn Mädchen angewachsen.

»Kommt herein«, wiederholt er, als er merkt, daß wir zögern.

»Es ist die einzige Möglichkeit, euch zu helfen. Daß man aus den Zellen Mädchen für Liebesnächte herausholt, kann ich nicht verhindern. Aber vor Ansteckung hat man große Angst. Ich werde zusperren und beide Schlüssel an mich nehmen.«

Er geht zur Tür. Dort dreht er sich noch einmal um. »Aber verhaltet euch ruhig. Es wäre nicht gut, wenn man da draußen eure Stimmen hörte.«

Dann geht er und schließt die Tür hinter sich. Der Schlüssel knirscht zweimal im Schloß.

»So, jetzt sind wir sicher versteckt«, flüstert ein Mädchen mit erleichtertem Aufatmen.

»Sicher?« fragt eine andere, ebenso leise, aber skeptisch. »Jetzt haben sie uns doch alle auf einmal und brauchen unter Kopftüchern und Schminke nicht lange herumzusuchen.«

»Nein, nein, der Mann hat nicht gelogen. Er will uns wirklich helfen.« Ich bemühe mich, überzeugend zu klingen, obwohl es mir schwerfällt.

Wir flüstern hin und her, dafür und dagegen. Die Unsicherheit wächst. Was, wenn es doch eine Falle ist? Wir müssen uns einen Rettungsplan ausdenken. Wir zerbrechen uns den Kopf, aber es fällt uns nichts ein. Nichts, was wirklich ein Ausweg wäre. Inzwischen fängt es an zu dämmern. Die Nacht ist nicht mehr fern. Die Zeit drängt.

»Von hier können wir niemals entkommen«, sagt eine resignierte Stimme.

»Warum nicht?« kommt es vom Fenster her. »Schaut doch mal, wir sind im ersten Stock, und das Fenster führt zum Klostergarten. Wir brauchen nur ein Seil, um uns da herunterzulassen.«

Jetzt stürzen wir alle zum Fenster und sehen es selbst. Ja, aber woher nehmen wir das Seil? Im Schrank müßten doch Verbandsrollen liegen. Aber da liegen weder Verband noch Pflaster, womit man einen Strick aneinanderbinden könnte. Sollen wir es wagen, die Fassade herunterzuklettern? Nein, das wage ich nicht. Keine von uns wagt es. Ohne ein Seil geht es nicht. Wie, wenn wir aus unseren Kleidern, Blusen und Röcken ein Seil zusammenbinden würden? Doch dann kämen wir da unten halb nackt an. Eine billige Beute.

Aber wir haben ja Unterhemden. Ja, das ist die Rettung. Die Unterhemden sind die Rettung! Wir fangen an, Blusen und Kleider über den Kopf zu streifen und die Unterhemden auszuziehen. Eine von uns beginnt, ein Hemd mit dem anderen an den Trägern zu verknoten. Das Seil wird länger und länger. Fünfzehn Hemden! Es scheint, bis in den Garten hinunterzureichen.

»Aber wenn einer kommt, muß es schnell gehen«, flüstert ein Mädchen und bindet das Seil mit doppeltem Knoten an den Fenstergriff.

Da! Schritte draußen im Gang. Das sind mindestens drei Paar Stiefel. Sie nähern sich unserer Tür. Bleiben stehen. Laute Männerstimmen. Was sie sagen, verstehen wir nicht. Die Türklinke wird heruntergedrückt. Wir sitzen erstarrt. Atmen kaum. An der Tür wird gerüttelt. Sie gibt nicht nach. Das Mädchen am Fenster greift nach dem Rettungsseil aus Hemden. Und wieder das Rütteln an der Tür. Sie bleibt verschlossen. Von draußen klingt es zornig. Dann ein Fußtritt gegen die Tür. Stimmen und Schritte entfernen sich.

Werden sie wiederkommen? Vielleicht mit einem Schlüssel? Werden sie die Tür eintreten? Aber: »Ansteckungsgefahr!« Sie werden sich doch nicht anstecken wollen!

Wir warten. Sitzen und warten. An Schlaf ist nicht zu denken. Zunächst nicht. Wir flüstern und brüten über mögliche Gefahren, über mögliche weitere Fluchtwege. Allmählich wird das Flüstern spärlicher, und jetzt klingt es schon von drüben wie leises Schnarchen.

Als ich aufwache, dämmert es immer noch. Oder schon wieder? Ist das die Morgendämmerung? Das Mädchen mir gegenüber mit dem grünen Pullover sitzt aufrecht, tuschelt mit seiner Nachbarin. Als sie sieht, daß ich mich auch aufsetze, flüstert sie zu mir herüber: »Also hat er uns doch nicht betrogen. Niemand ist heute nacht gekommen.«

War das zu laut? Dort in der Ecke setzt sich wieder eine auf und noch eine. Bald sitzen wir alle im Viereck.

»Gott sei Dank!« kommt es von allen Seiten. »Er hat uns wirklich geholfen.«

Aber was, wenn er unser Rettungsseil am Fenster sieht. Wenn er merkt, daß wir ihm mißtraut haben?

Nein, das sollte er nicht erfahren. Die Mädchen am Fenster lösen das Seil vom Fenstergriff und wir die Knoten der zusammengebundenen Unterhemden. Jedes Mädchen versucht, sein Hemd zu erkennen. Die Hemden sehen sich alle ähnlich. Aber es ist so unwichtig, ob jede wirklich ihr eigenes wiederbekommt.

Als *unser* Offizier die Tür aufschließt und uns guten Morgen wünscht, kommt von allen Seiten ein dankbares Lächeln zurück. »Ihr könnt alle wieder in eure Zellen zurück. Ab heute darf kein Fremder hier in das Lager herein. Es ist mir gelungen. Ihr müßt keine Angst mehr haben.«

Als ich in meine Zelle komme, liegt mein Mantel noch immer ausgestreckt auf dem Boden, mein Koffer steht seitlich daneben. Die anderen Frauen, die Koffer, die Säcke, die Taschen sind auch noch da. Nur der Platz an der Tür ist leer. Die Frau mit dem kleinen Mädchen ist fort.

»Man hat sie in der Nacht vergewaltigt«, sagt meine Nachbarin. »Bei ihr haben die Soldaten Schlange gestanden. Sechs Soldaten. Sechsmal hintereinander. Das Kind mußte zusehen. Die Frau hat geschrien. Zuerst hat sie geschrien. Dann gab sie keinen Ton mehr von sich. Sie war wohl ohnmächtig. Der siebente Soldat kam dann nicht mehr an die Reihe.« Meine Nachbarin schweigt. Dann sagt sie kaum hörbar:

»Die Frau hat man noch in der Nacht hinausgetragen. Das Kind lief hinterher.«

Und nirgendwo ein Rettungsseil.

Der versäumte Termin

Das Stadion ist überfüllt. Nein, heute kein Fußball. Heute wird Leben gespielt. Eine sonderbare, eine grausame Art von Leben. Keine Trennung zwischen Zuschauer und Spieler. Auf den Rängen und auf dem Spielfeld dieselbe Gattung: Internierte. Dazwischen Koffer, Säcke, Taschen, Stimmengewirr, übertönt von Schreien, unterbrochen von Schüssen. Warnschüsse? Schüsse, die das Leid eines Menschen beenden?

Ich gehe an so vielen Gesichtern vorbei. An alten und jungen, runden und schmalen. Ich suche und suche ein bekanntes Gesicht und schaue doch immer nur in fremde Augen. Aber da, in der Nähe eines Tribünenaufgangs, da steht er: mein alter Biologielehrer, Herr Professor Preybisch. In Prag sagte man zu allen Gymnasiallehrern Professor. Ich gehe auf ihn zu, denke, auch er wird ein paar Schritte auf mich zukommen. Er bleibt stehen.

»Herr Professor«, sage ich, sage es freudig.

»Herr Professor Preybisch!« Er rührt sich nicht.

»Ich bin Ihre Schülerin.«

Er schaut mich an, schaut durch mich hindurch. Ich strecke ihm die Hand entgegen. Er ergreift sie nicht.

»Er ist krank«, sagt die Frau neben ihm. »Das alles hier hat ihn völlig verwirrt. Er erkennt niemanden mehr. Auch mich nicht. Ich bin seine Frau.«

Jetzt sehe ich erst, wie alt mein alter Lehrer geworden ist und wie ausdruckslos seine früher so flinken Augen sind, denen nichts entging.

»Herr Professor«, sage ich und ergreife seine rechte Hand.

»Bitte lassen Sie ihn«, sagt seine Frau. »Bitte gehen Sie.«

Ich gehe, gehe quer über das Spielfeld, zwischen den vielen Menschen hin zu meinem Koffer, auf den eine alte Frau mit einem Kind im Arm aufgepaßt hat. »Ach, da sind Sie ja wieder«, sagt sie. »Ist Ihnen nicht gut?«

»Danke, doch«, antworte ich und setze mich auf meinen Koffer. Ich sehe die leeren Augen von Professor Preybisch vor mir. Kam mir vorhin nicht der Gedanke, diesen Augensei früher nichts entgangen? Doch, einmal ist ihm etwas entgangen. Aber daran waren nicht seine Augen schuld.

Es war in der Septima, der siebenten Klasse des Stephansgymnasiums. Herr Professor Preybisch hatte uns versprochen, demnächst seinen Unterricht am lebenden Objekt zu halten und mit uns einen Tagesausflug in die Šárka zu machen. Dort, im Naturschutzgebiet in der Nähe Prags, wollte er uns Blüten und Gräser, Blumen und Blätter zeigen. Nur, das »Demnächst« verschob er immer wieder und konnte sich zu keinem festen Termin entschließen.

So entschlossen wir uns selbst für einen Termin. Die Blumen und Gräser konnten wir uns schließlich auch allein ansehen. Der 15. Mai sollte es sein. Ein Dienstag, an dem wir außer Biologie auch Latein, Mathe und Physik hatten. Und wir wollten einstimmig sagen, Herr Professor Preybisch hätte diesen 15. Mai für den Ausflug festgelegt und als Treffpunkt neun Uhr morgens die Endhaltestelle der Linie 11 mit uns vereinbart.

Am 15. Mai waren wir alle pünktlich. Der Straßenbahn entstiegen außer einem älteren Mann nur Schüler und Schülerinnen der Septima des Stephansgymnasiums. Niemand fehlte. Nur Herr Professor Preybisch. Wir setzten uns in Bewegung in Richtung Šárka. Die schroffen Felswände, der Sturzbach und die vielen Gräser und Blumen interessierten uns nicht.

Und was jetzt? Wie sollte es weitergehen? »Was haltet ihr vom Restaurant zum Weißen Pferd?« fragte Hans. Wir hielten sehr viel davon und gingen an Blüten und Blättern vorbei zum Weißen Pferd. Der Wirt war erfreut, so viele Gäste an einem Wochentag begrüßen zu dürfen. Er wischte schnell mit einem Tuch über die Tische und rückte die Stühle zurecht.

Und dann saßen wir vor unseren Gläsern und dachten nach, was wir jetzt tun sollten. Bier und Limonade konnten unser schlechtes Gewissen nicht hinunterspülen. Was machen wir jetzt? Was machen wir? »Anrufen«, sagte Fritz, unser Klassensprecher. »Ich werde den Rex anrufen.« Und das tat er auch. Wir standen alle um ihn herum, als er am Telefonapparat seitlich von der Theke die Nummer unserer Schule wählte. »Hier ist Fritz Neumann, bitte verbinden Sie mich mit dem Herrn Direktor.« Seine Stimme zitterte, oder kam es mir nur so vor, weil ich zitterte? Nach einer Pause wieder: »Hier ist Fritz Neumann, Herr Direktor, wir sind völlig ratlos. Wir wissen nicht, wo Herr Professor Preybisch bleibt. Wir waren mit ihm an der Endhaltestelle der Linie 11 verabredet, um in der Šárka Anschauungsunterricht zu nehmen. Aber er kam nicht. Dann haben wir vermutet, daß er im Weißen Pferd auf uns wartet. Aber hier ist er auch nicht. Es ist ihm hoffentlich nichts zugestoßen?« Pause. Dann: »Nein, nein, Herr Direktor, um uns müssen Sie sich keine Sorgen machen. Die ganze Septima ist wohlauf. Wir gehen gleich wieder zurück zur Straßenbahn.« Pause. Dann wieder: »Nein, Herr Direktor, für den Unterricht ist es heute zu spät. Wir kommen morgen früh, alle.«

Am nächsten Morgen erfuhren wir von der ungeheuren Aufregung des Vortages, als man im Stephansgymnasium die Septima suchte.

Bevor der Unterricht begann – eigentlich sollten wir in der ersten Stunde Deutsch haben –, kam Professor Preybisch in unseren Klassenraum. Wir erhoben uns zu seiner Begrüßung wie immer. Er winkte mit der Hand, daß wir uns setzen sollten. »Sie müssen entschuldigen, bitte entschuldigen Sie, aber ich kann mich an den gestrigen Termin nicht erinnern. Ich kann mich an nichts erinnern.«

Ich sitze auf meinem Koffer mitten im Menschengewühl des Stadions. Und da irgendwo drüben steht Professor Preybisch und kann sich an nichts erinnern. Auch an mich nicht mehr.

Wahrsagerei

Schon wieder ein Kloster. Seine Mauern breiten sich unterhalb der Loreto-Kirche aus. Diesmal halte ich nicht Ausschau nach Mönchen. Diesmal suche ich keine Kutten im Kreuzgang, der den viereckigen Innenhof umschließt. Ich habe Erfahrung mit Klöstern. Aber nicht Erfahrung genug, wie sich später herausstellt.

Uns Neuankömmlingen ist es freigestellt, uns eine der Zellen auszusuchen. Ich entschließe mich für einen Raum im ersten Stock. Ein Einbettzimmer mit Blick auf die zur Moldau herabsteigenden Dächer. Endlich einmal allein. Nach vielen Wochen und Monaten ganz für mich allein. Ich sinke erleichtert auf das Bett.

Aber was bedeutet das Stimmengewirr da oben unter dem Klosterdach? Sind da über mir besonders Bestrafte, denen man keine Zelle gestattet? Es läßt mir keine Ruhe. Ich steige die Treppe unter das Dach und sehe da Frauen und Kinder auf nacktem Holzboden, Koffer neben sich, Rucksäcke als Kopfkissen. Kleine schräge Dachluken lassen den Rest des Tages herein.

Ich drehe mich um und gehe schnell zu meiner komfortablen Zelle zurück. Hoffentlich ist sie noch frei für mich. Sie ist es. Ich strecke und recke mich auf dem Bett. Ein Bett für mich allein! Die Augen fallen mir zu. Ich schlafe. Aber so allein, wie ich glaubte, bin ich nicht.

Es ist schon Nacht, als mich etwas weckt. Irgend etwas fällt mir auf die Stirn. Ich wische es mit der Hand weg. Da, schon wieder etwas. Diesmal auf die Wange. Und wieder und wieder. Ich setze mich mit einem Ruck auf, taste mich zur Tür, suche den Lichtschalter. Und oben an der Decke sehe ich sie: die Karawane von Wanzen. Diszipliniert wandern sie eine hinter der anderen. Die Straße endet dort, wo vorher mein Kopf lag. Und wieder läßt sich eine herunterfallen. Sie hat sich geirrt. Ich bin nicht mehr da.

Und werde auch nicht wiederkommen. Ich versuche die Blutreste der zerdrückten Wanzen von Gesicht und Händen zu wischen, nehme meinen Koffer und setze mich in den Gang vor die Tür. Nein, an Schlaf ist nicht mehr zu denken.

Am nächsten Morgen steige ich die Treppe zum Dachboden hinauf. Jetzt weiß ich, warum er so überfüllt ist. Ich sehe mich ratlos nach einem Platz um, nach einem Stückchen Holzboden. Da winkt mir eine Dame zu. Sie zieht ihren Koffer näher an sich heran und zeigt auf den Platz neben sich. Ich sage:»Danke, ich danke Ihnen.« Sie ist eine Tschechin, wie ich später erfahre. Sie ist hier, weil sie für Deutsche Modellkleider maßgeschneidert hat. Daß sie auch für mich ein Kostüm maßschneidern wird, weiß ich jetzt noch nicht.

Auf der anderen Seite des Dachbodens sind Männer untergebracht, die in einer Zuckerfabrik eingesetzt sind. Am Abend bringen sie Zuckersäcke ins Lager. Jeder Mann jeden Abend ein paar Zuckersäcke. Wie vielseitig man doch Zuckersäcke verwenden kann! In dichten Rollen zusammengedreht und nebeneinandergelegt, bilden sie eine ideale Matratze. Wir schlafen nicht mehr auf hartem Holzboden, wir schlafen auf weichen Zuckersäcken.

Und Frau Radová hat noch ganz andere Ideen. Sie trennt einen Zuckersack oder zwei oder drei auf und strickt mir einen Pullover, sie strickt mir Socken, sie strickt mir eine Mütze. Woher sie die Stricknadeln hat, weiß ich nicht. Sie hat auch Nähnadeln und eine Schere. Also nimmt sie bei mir Maß und schneidert mir ein elegantes Kostüm. Die weißen Zuckersäcke haben jeweils einen blauen Streifen am oberen Ende. Diese Streifen verwendet Frau Radová als Zierde an meinem Rocksaum und an den Manschetten der Ärmel. Soviel Kunst und soviel Mühe für mich. Ich selbst kann ihr nur danken und jeden Abend aus der Küche des Autoprapor, wo ich eingesetzt bin, Fleisch und Knödel, Gemüse und Fisch und was es da gerade gibt, mitbringen.

Der Koch im Autoprapor ist großzügig; was er mir mitgibt, reicht nicht nur für Frau Radová.

Aber für die geschneiderte Eleganz aus Zuckersäcken muß ich büßen. Als wir von Soldaten in Kolonnen durch die Straßen Prags zu unserer jeweiligen Einsatzstelle geführt wurden, fiel mein elegantes Kostüm sehr unangenehm auf.

»Schaut sie euch an, diese Deutsche. Ein lebendes Modejournal! Und wie sehen *wir* aus!« rief eine Frau auf dem Bürgersteig und begann an meiner Jacke zu zerren. Es gelang ihr nicht, sie mir auszuziehen, aber der blaue Fleck am Arm hat mich noch einige Zeit an ihren Zugriff erinnert.

Auch dem Koch im Autoprapor, der für mich und meine Nachbarinnen sorgte, konnte ich nicht in gebührender Weise danken. Ich verstand nichts vom Kochen, schälte die Kartoffeln viel zu langsam und putzte das Gemüse nicht fachgerecht. Er hätte sich längst eine andere Hilfskraft aussuchen müssen. Internierte gab es ja genug.

Statt dessen suchte er eine andere Arbeit für mich. Ich mußte seine Hemden waschen. Ich stand auf dem großen viereckigen Hof des Autoprapor, an dessen drei Seiten die Garagen und Boxen für die Lastwagen und Büros angebracht waren.

In einer der Nischen standen der lange Tisch, die Schränke und der Herd des Kochs Pokorný. Eigentlich sah Pokorný nicht so aus wie ein Koch. Er war groß, schlank, hatte braunes Haar und blaue Augen und kochte in seiner Uniform. Eine weiße Haube trug er nie. Manchmal hatte er sich eine Schürze umgebunden.

Mir hatte er einen Hocker, eine Waschschüssel und Seife auf den Hof vor die Tür seiner Küche aufgestellt. Dort stand ich nun, schrubbte den Kragen und die Manschetten seines Hemdes so gründlich, daß ein Offizier, der vorbeikam, mir auch noch drei seiner Hemden zum Waschen brachte. Ich hätte niemals geglaubt, daß Pokorný auch böse und zornig sein könnte. Jetzt sah ich es, und ich hörte es. Über den ganzen Hof drang seine Stimme, daß ich nur ihm zugeteilt sei und daß er bei seiner vielen Arbeit auf mich nicht verzichten könne.

Seit diesem Tag durfte ich die Küche nicht verlassen und mußte ihm bei der Zubereitung des Essens zusehen. Schmalz wurde in einem großen Topf erhitzt. Fleisch lag schon bereit. Jetzt noch Zwiebeln. Wie schnell Pokorný sie in Scheiben schneiden konnte und die Scheiben wieder in ganz kleine Teilchen. Aber die Zwiebeln rächten sich. Sie stiegen ihm beißend in die Augen, und Pokorný weinte. Er stellte sich vor mich, zeigte mit dem Messer auf seine Tränen und fragte, ob ich ihm nicht wenigstens diese Schmerzen wegküssen wollte. Er stand hilflos vor mir, ich stand hilflos vor ihm. Er seufzte auf, ich stellte mich auf die Zehenspitzen und küßte ihm schnell die Tränen von den Augen. Seit diesem Tag gab es im Autoprapor sehr viel Gulasch und Fleisch mit Zwiebelsoße. Und ich hatte endlich jeden Tag eine nützliche Arbeit.

Diese nützliche Arbeit und die Zeit im Autoprapor nahmen ein unerwartetes und plötzliches Ende. Im Internierungslager des Loreto-Klosters war Typhus ausgebrochen. Wir wurden unter Quarantäne gestellt und nicht mehr zur Arbeit geholt. Das dauerte mehrere Wochen.

Einmal sah ich Pokorný noch an der Klosterpforte stehen. Als ich zum Fenster herausschaute, hob er einen Topf in meine Richtung herauf. Sicher Gulasch, dachte ich. Aber ich durfte nicht an die Klosterpforte gehen, und er durfte den Topf dort nicht abgeben. Ich winkte ihm zu. Er stellte den Topf auf die Erde und winkte mit beiden Händen zurück.

Die Typhuswochen waren eine grausame Zeit. Werden wir uns anstecken? Werden wir sterben? Was wird mit uns geschehen?

Das Geschäft der Wahrsagerin blühte. In einer Ecke des Klosterhofes hatte eine Kartenlegerin ihre Praxis eröffnet. Über Kunden hatte sie nicht zu klagen. Hier stand man Schlange. Und gezahlt wurde mit Tüchern, Handschuhen,

Socken oder mit einer Schnitte Brot, einer ganzen Tages-
ration.

Ich schaue zwischen Köpfen und Schultern zur Pythia
unseres Lagers. Kein priesterliches Gewand. Sie hockt im
Lotossitz. Der Rock ihrer Kleider ist ihr über die Knie
hochgerutscht. Vor ihr ausgebreitet das Viereck eines
Kartenspiels. Sie beugt sich etwas vor, zeigt mit dem
Finger auf die Pik-Sieben, die neben dem Kreuz-Buben
liegt.

»Das sieht nicht gut aus«, sagt sie und schüttelt bedenklich
den Kopf. »Und hier das Pik-As über dem Kreuz-Buben
bestätigt es«, erklärt sie weiter.

»Was bestätigt es?« fragt die kleine Frau, die dicht neben
ihr steht.

»Sie werden Ihren Sohn nicht wiedersehen. Er ist tot.« Die
Kartenlegerin schaut zu der Frau empor und zuckt mit den
Schultern. »Ich kann das Schicksal nicht ändern. Es tut mir
leid.«

Ist die Prophezeiung so grausam ausgefallen, weil als
Entgelt nur eine Schnitte Brot auf dem Tablett neben den
Karten liegt?

Die Frau krampft ihre Hände ineinander. Sie will nichts
mehr hören, schiebt ihren hageren Körper zwischen den
Umstehenden hindurch, geht den Kreuzgang entlang zum
anderen Ende. Dort bleibt sie stehen, lehnt sich in die
Ecke. Starr, bewegungslos. Ich gehe ihr nach, lehne mich
neben sie an die Mauer.

»Sie glauben doch nicht im Ernst, daß man aus den Karten
Ihre Zukunft voraussagen kann?« frage ich sie. Sie antwortet nicht, rührt sich nicht.

»Das ist doch alles völliger Unsinn«, rede ich weiter.

»Unsinn?« Sie schaut mich an. »Daß mein Sohn tot ist,
nennen Sie Unsinn?« Sie schluchzt auf, dreht sich zur
Mauer, drückt ihr Gesicht in die Ecke, damit ich es nicht
sehen soll.

»Jedes Menschen Schicksal steht in seiner Hand geschrieben. Wir werden alle mit unserem Schicksal geboren.

Auch Sie, auch ich. Und wie unser Leben verlaufen wird, zeigen die Linien unserer rechten Hand. Sehen Sie, sehen Sie nur, hier steigt meine Lebenslinie auf.«

Ich halte ihr meine Handfläche hin. Langsam, zögernd dreht sie sich um.

»Hier, schauen Sie nur.« Ich zeige auf das Liniengewirr in meiner Hand. »Ich werde bald heiraten und zwei Kinder haben.«

Was ich jetzt gesagt habe, war falsch. Das Gesicht der Frau zieht sich schmerzhaft zusammen.

»Ich bin bereits Witwe. Mein Mann ist gefallen«, schluchzt sie auf. »Und jetzt mein einziger Sohn.« Ich weiß also schon einiges von ihr. Jetzt kann nichts mehr schiefgehen.

»Geben Sie mir Ihre rechte Hand«, sage ich. Aber sie gibt sie mir nicht. Da greife ich selber nach ihrer schmalen Hand. Die Frau wehrt sich nicht. Ich fahre mit meinem Zeigefinger über eine lange Linie auf ihrer Handfläche.

»Das ist Ihre Lebenslinie«, sage ich. »Die ist lang. Sie werden ein hohes Alter erreichen. Und hier vereinigt sie sich mit ihrer Partnerlinie. Doch sie trennt sich bald wieder. Ihr Ehemann stirbt vor Ihnen. Aber hier, sehen Sie hier! Hier vereinigt sich Ihre Lebenslinie noch einmal mit der Partnerlinie. Sie werden ein zweites Mal heiraten!«

Die Frau seufzt auf. Das klingt nicht gequält, eher erleichtert. Oder bilde ich mir das nur ein? »Und diese Abzweigung hier«, erkläre ich weiter, »das ist die Lebenslinie Ihres Sohnes. Schauen Sie nur, wie lang sie ist. Auch Ihr Sohn wird ein hohes Alter erreichen. Das scheint bei Ihnen in der Familie zu liegen.«

»Ja«, sagt die Frau »meine beiden Großmütter sind über neunzig Jahre alt geworden. Und meine Eltern sind schon über siebzig.«

»Sehen Sie«, sage ich, »die Länge der Lebenszeit ist erblich. Das wurde wissenschaftlich nachgewiesen.«

»Ja, ich weiß«, bestätigt sie. »Und mein Sohn schlägt ganz in meine Familie. Er wird auch alt werden. Sicher wird er alt werden.« Die Frau nickt mit dem Kopf, nickt sich selber Mut zu.

Mein Gott, wie konnte ich nur so lügen! Ich habe keine Ahnung vom Handlesen. Wie konnte ich nur so lügen! Aber da singt mir das berühmte Glockenspiel der Loreto-Kirche die Absolution über die Klostermauer zu.

Ich lächle die Frau an.

Es sieht so aus, als hätte sie zurückgelächelt. Oder geht ihr Lächeln an mir vorbei, vorbei an meinen Augen, hin zu den Augen ihres Sohnes? Ich will sie nicht stören, lasse sie in der schattigen Ecke des Kreuzgangs allein mit ihren Gedanken.

Langsam gehe ich über den sonnigen Hof. Menschen stehen in Gruppen herum. Sie sprechen deutsch. Gegenüber am Eingangstor gibt der Soldat seine Befehle in Tschechisch. Haben sie alle die Loreto-Glocken gehört und die Absolution verstanden?

Glocken brauchen keinen Dolmetscher. Ich hatte auch niemals einen nötig in dieser Stadt, die in zwei Sprachen redete. Doch nicht alle Deutschen sprachen Tschechisch, und nicht alle Tschechen verstanden Deutsch. Trotzdem oder vielleicht gerade deshalb gab es in der ersten tschechoslowakischen Republik, in der Zeit meiner Kindheit, eine deutsche und eine tschechische Universität, gab es deutsche und tschechische Theater, deutsche und tschechische Krankenhäuser, deutsche und tschechische Schulen. Ich ging in eine deutsche Schule, aber die Schokolade und die Zuckerln beim Kaufmann nebenan verlangte ich in Tschechisch. Erst in der Zeit meines Studiums an der Karlsuniversität gab es keinen tschechischen Zweig mehr. Die deutschen Besatzer hatten ihn geschlossen.

Aber als mein neunjähriger Blinddarm sich entzündete, hatte Prag noch zwei Kinderkrankenhäuser: ein deutsches und ein tschechisches. In der Aufnahme der kleinen Patienten wechselten sie einander ab. Am Tag meiner Einlieferung war die tschechische Klinik an der Reihe. Man legte mich in ein Zimmer mit sechs Kindern. Jungen und Mädchen. Alle waren sie ungefähr in meinem Alter, alle sprachen nur tschechisch. Verständigungsschwierigkeiten gab es aber nicht. Ich verstand sie, und sie verstanden mich. Als an die übrigen Betten Frühstück und Mittagessen, Jause und Nachtmahl gebracht wurden, schlürfte ich gehorsam meinen bitteren Tee. Der Arzt hatte mir ja erklärt, daß ich zwei Tage nichts essen dürfte, um meinen Magen zu entleeren. Eine Blinddarmoperation war damals noch ein problematischer Eingriff. Statt des Essens brachte mir eine Krankenschwester geistige Nahrung: ein tschechisches Kinderbuch. Vielleicht wollte sie mir damit über meine Hungerphase hinweghelfen. Ich zeigte ihr dann auch, welche der Tiergeschichten mir am besten gefiel, und las ihr die Stelle vor, wo zwei Mäuse im Park am Petřin einen Kater überlisteten. Die Schwester lächelte unter ihrer Haube.

Am Morgen des dritten Hungertages wurde ich in den Operationssaal gefahren. Ich lag zugedeckt mit einem weißen Tuch auf einem Tisch unter einer großen, grellen Lampe. Um mich herum Ärzte und Schwestern. Ein Käppchen wurde mir auf die Nase gedrückt. »Počitej«, sagte der Arzt, und ich begann zu zählen: »Jeden, dva, tři, čtyři . . .«, immer weiter, immer langsamer, bis ich schließlich »sechzehn, siebzehn, achtzehn . . .« lallte. Dann hörte ich von weit her eine Stimme, die sagte: »Wir können bald anfangen, jetzt spricht sie so, wie sie denkt.«

Und wie denke ich jetzt, eingeschlossen im Klosterhof? In mir klingt noch das Loreto-Lied nach. Ich entschließe mich, in der Sprache der Glocken zu denken.

Fast zu spät

Es gibt viele Möglichkeiten, die Internierten zu beschäftigen. Sie putzen nicht nur die Treppenhäuser und Büros der öffentlichen Gebäude, sie schälen auch Kartoffeln und waschen Geschirr in Militärküchen, sie kehren Straßen und Bürgersteige und reinigen Wohnungen von Offizieren.

In so einer Wohnung bin ich heute eingesetzt. Ein tschechischer Soldat hat mich hierher gebracht, hat mir gesagt, ich müsse die Fenster putzen und die Böden wischen. Dann ist er gegangen, hat die Tür hinter sich ins Schloß gezogen und mich allein gelassen.

Ich beginne mit den Fenstern, schaue mehr auf die Straße als auf die Scheiben. Da gehen zwei Frauen mit gefüllten Einkaufstaschen. Grüne Kohlrabiblätter schauen zwischen den Griffen heraus. Ob sie die am Markt geholt haben? Drüben an der Straßenecke spielen Kinder. Sie haben sich mit Kreide viereckige Kästchen auf den Bürgersteig gezeichnet und einen runden Kreis als Abschluß. Sie hüpfen auf einem Bein von Kästchen zu Kästchen diesem runden Himmel entgegen.

Himmel? Gibt es den noch? Ich schaue an den Fensterscheiben hoch. Da oben über den Dächern wölbt sich makelloses Blau, als sei nichts geschehen. Da unten auf der Straße geht das gewohnte Leben weiter, als sei nichts geschehen.

Ich schließe die Fenster. Die Fußböden müssen noch geschrubbt werden. Eimer und Putzlappen hole ich aus der Ecke in der Küche, einem kleinen quadratischen Raum. Neben dem Herd eine Spüle, ein Küchenschrank, ein Tisch, drei Stühle. Das ist alles. Ich fülle den Eimer mit Wasser, stelle ihn auf die Fußbodenkacheln, knie mich neben ihn und fange an zu wischen. Ich höre nur das Geräusch meiner Arbeit, so still ist es um mich herum.

Aber es bleibt nicht so. In der Wohnungstür knarrt ein Schlüssel. Ein quietschendes Geräusch beim Öffnen. Schritte gehen durch den Flur. Die Küchentür hinter mir wird aufgemacht. Ein großer Mann in russischer Uniform steht in ihrem Rahmen. Kommt er mir nur so groß vor, weil ich kniend zu ihm aufschaue? Wieso hat er einen Schlüssel? Ist er vielleicht der russische Offizier, der hier wohnt? Er sagt nichts, bleibt eine Weile reglos über mir stehen und schaut auf mich herab. Aber dann geht alles sehr schnell. Er stößt den Putzeimer mit dem Stiefel zur Seite und mich gegen die Schulter, daß ich umfalle. Er knöpft seine Hose auf, wirft sich über mich und versucht mir unter den Rock zu greifen. »Pomoc!« schreie ich auf. »Pomoc!« Hilfe! Da hält mir seine Hand den Mund zu. Eine Faust ballt sich vor meinen Augen. Mein Gott, wenn er mich jetzt besinnungslos schlägt, kann er mit mir machen, was er will. Ich höre auf zu schreien. Meine Hände halten den Rock ganz eng um mich gespannt. Er versucht, sie wegzureißen. Und schon wieder knarrt ein Schlüssel. Noch einer? Noch so einer?

Aber da läßt der über mir von meinem Körper ab, springt hoch, knöpft seine Hose zu. Hinter ihm steht der tschechische Soldat, der mich heute morgen hierher gebracht hat. Der Große bückt sich rasch nach der Mütze, die ihm vom Kopf gefallen ist, setzt sie auf und geht mit langen Schritten wortlos zur Wohnungstür heraus. Auch mit mir hat er kein Wort gesprochen. Seine Stimme kenne ich nicht, nur seine Hände.

»Weinen Sie nicht«, sagt der Soldat und zieht mich vom Boden hoch. »Weinen Sie nicht, ich bin doch zur rechten Zeit gekommen.« Er schiebt mir einen Stuhl hin. »Setzen Sie sich. Zittern Sie nicht so. Versuchen Sie, ruhig zu werden. Ich weiß, das ist schwer. Aber ich verspreche Ihnen, daß ich Sie morgen nicht mehr hierher zum Arbeiten holen werde.«

Der Eimer bleibt in der Ecke der Küche stehen. Heute muß ich nicht mehr putzen. Der Soldat führt mich durch die

Straßen Prags, vorbei an Frauen mit gefüllten Einkaufstaschen, vorbei an spielenden Kindern, vorbei am alltäglichen, gewohnten Leben. Vorbei!

Aber sein Versprechen hat der Soldat gehalten. Ob ein anderes Mädchen für mich gehen mußte, weiß ich nicht. Ich habe ihn nie mehr gesehen.

Sibirien

»Das bedeutet Sibirien«, sagt der Soldat, der vor mir auf und ab geht, und nickt nachdrücklich mit dem Kopf.

Ich springe vom Stuhl auf.

»Wieso Sibirien?«

»Na, Sie werden schon sehen. So ein Verhör kriegt alles aus Ihnen heraus, auch was Sie nicht getan haben.« Ich halte mich an der Stuhllehne fest.

»Und hierher werden Sie auch nicht mehr zurückkommen. Nehmen Sie auf jeden Fall Ihren Koffer mit.«

Nicht mehr hierher zurückkommen? Ich sehe den großen Schlafsaal vor mir. Vierundzwanzig Betten stehen im Viereck entlang den Wänden. Ein Schlafsaal für Soldaten dieser Kaserne am Pohořelec. Aber zur Zeit sind wir internierten Frauen und Mädchen hier untergebracht. Es ist Vormittag. Sie putzen jetzt die Treppen im Czernin-Palais. Nur ich warte hier allein mit dem Soldaten, bis ich abgeholt werde. Eigentlich sollte ich jetzt in der Offiziersküche Kartoffeln schälen. Aber dorthin werde ich wohl auch nicht mehr zurückkommen.

Die Tür öffnet sich, und da ist er, der Soldat mit dem geschulterten Gewehr, der mich zum Verhör bringen soll.

»Den Koffer, nehmen Sie den Koffer mit!« flüstert mir der Wachsoldat zu.

Ich ziehe unter meinem Bett den Koffer hervor. »Den lassen Sie hier!« befiehlt der Soldat an der Tür, und ich lasse den Griff los und gehe. Gehe neben ihm den langen Gang zum breiten Treppenhaus der Kaserne. Gehe die Stufen hinunter über den Kasernenhof bis zum Wächterhäuschen.

Hier hat es begonnen, denke ich. Hier hat Sibirien angefangen. Gestern nachmittag. Und nur deshalb, weil der Soldat, der mich sonst hierher begleitet, ein Rendezvous hatte. Nur deshalb, weil ich allein kam.

Zunächst ein freundliches Lächeln und Salutieren des Wachpostens. Dann die Frage: »Wohin gehen Sie, kann ich Ihnen behilflich sein?«

»Nein, danke«, sage ich und nicke ihm zu. »Ich kenne mich aus. Ich gehe zu den Internierten.«

»Da darf niemand hin«, belehrt er mich, immer noch freundlich.

»Ich bin interniert«, sage ich und will weitergehen.

»Halt!« schreit er mich an. »Stehenbleiben! Was haben Sie in der Tasche?«

»Essen«, sage ich.

»Aufmachen!« befiehlt er.

Ich öffne die Tasche und zeige ihm den Teller mit dem Schnitzel und dem Kartoffelsalat.

»Und was ich das?« fragt er und zeigt auf einen Würfel Margarine.

»Ich habe es geschenkt bekommen«, sage ich.

»So, geschenkt bekommen, nennt man das«, sagt er höhnisch und befiehlt: »Die Tasche bleibt hier!« Er winkt einen Soldaten zu sich heran, der über den Kasernenhof geht.

»Bring sie zu den Internierten«, sagt er und deutet auf mich. Als ob ich den Weg nicht alleine finden könnte.

Den Weg zum OBZ finde ich allerdings nicht allein. Ich weiß nicht einmal, was diese Abkürzung bedeutet. Irgendein oberstes Gericht muß es wohl sein. So etwas, wie die Gestapo war.

»Wohin führen Sie mich?« frage ich den Soldaten, der neben mir ausschreitet. Er antwortet nicht. Vielleicht hat er mich nicht verstanden. Ich wiederhole meine Frage. Er schweigt. Ich bemühe mich, mit ihm Schritt zu halten, und schaue ab und zu zu seinem steinernen Profil hinauf. Der Weg nach Sibirien geht über Straßen und Plätze, vorbei an Geschäften und Märkten über die mosaikartig gepflasterten Bürgersteige Prags.

Vor einem großen Gebäude bleibt der Soldat einen Augenblick stehen, dann geht er die Stufen hinauf. Ich folge ihm.

Folge ihm durch einen langen Gang, vorbei an vielen Türen. An einer klopft er kurz an. »Hier ist die Internierte«, sagt er zu dem Soldaten, der öffnet. Es gibt nur Soldaten auf der Welt! »Warten Sie hier, bis ich Sie rufe«, sagt der von der Tür her und schließt sie.

Ich warte. Niemand bewacht mich, das geschulterte Gewehr ist den langen Gang zurückgeschaukelt. Ich bin allein. Jetzt könnte ich fortgehen, denke ich. Auf die Straße. Irgendwo ein bißchen Geld zusammenbetteln. Irgend jemand fragen, ob er nicht ein Bett für mich hätte. Ich könnte . . . ach, was könnte ich nicht alles! Aber ich tue nichts, stehe auf einem langen Gang vor einer verschlossenen Tür und warte. Eine Stunde, zwei oder drei?

Dalibor ist schuld daran, daß ich hier stehe. Dalibor, der die Offiziersküche unter sich hat. Warum mußte er ein Rendezvous haben, als er mich wie immer zur Kaserne bringen sollte. Zugegeben, das Restaurant, in dem für die Offiziere gekocht wird, liegt in einer Seitenstraße um die Ecke. Zugegeben, die paar Schritte konnte ich allein gehen. Zugegeben, er schenkte mir für diesen Alleingang eine zweite Mittagsportion und einen Würfel Margarine. Dalibor meinte es gut, ich weiß. Aber jetzt stehe ich hier, angelehnt an die Wand, und warte auf Sibirien.

Türen gehen auf, Türen gehen zu. Männer und Frauen in Uniform gehen an mir vorbei. Niemand kümmert sich um mich, niemand fragt nach mir. Dann endlich öffnet sich die Tür mir gegenüber. Der Soldat von vorhin ruft: »Kommen Sie!«

Er geht mit mir den langen Gang zurück zum breiten Treppenhaus, eine Etage höher und wieder durch einen langen Gang an hohen Fenstern und Türen vorbei. Ich habe Angst, mein Herz klopft, als er endlich eine Tür öffnet und mich ins Büro hereinschiebt.

»Da ist sie«, sagt er und schließt die Tür von außen.

Hinter einem großen Schreibtisch mit allerlei Akten sitzt ein junger Offizier. Er deutet mit der Hand auf einen Stuhl. Ich bin froh, daß ich mich setzen darf.

»Also, wie ist das Malheur passiert?« fragt er. Ich erzähle ihm alles von Dalibor bis zum Wachposten. Er unterbricht mich nicht.

Als ich aufhöre, fragt er: »Wieso können Sie so gut Tschechisch?«

»Ich bin in Prag geboren«, sage ich.

»Was haben Sie denn bisher getan?«

»Ich habe studiert.«

»Und jetzt werde ich endlich studieren«, sagt er. »Bisher durfte ich als Tscheche nicht, und jetzt dürfen Sie als Deutsche nicht. Die Welt ist verrückt.«

Er schüttelt den Kopf. Dann hält er mir sein Zigarettenetui hin.

»Danke, ich rauche nicht.«

»Das ist auch gesünder«, sagt er und steckt sich lachend eine Zigarette an.

Dann wird er ernst.

»Also, wie machen wir das mit dem Schnitzel und der Margarine in Ihrer Tasche? Für Sie ist die Sache ja schon ausgestanden. Sie haben das Essen nicht gestohlen. Sie haben es geschenkt bekommen.« Er hat mir also sofort geglaubt. Mit der Hand fährt er über den Schreibtisch, als wollte er etwas wegfegen.

»Aber mit Novák, mit dem Soldaten Dalibor Novák, ist es schwieriger.« Er lehnt sich im Sessel zurück und schaut dem Zigarettenrauch nach. »Er durfte Staatseigentum nicht verschenken, schon gar nicht an eine Internierte. Wir müssen uns etwas einfallen lassen.«

Mir fällt nichts ein. Ihm auch nicht. Er steht auf, geht hin und her. Bleibt schließlich vor dem Fenster stehen. Ob er da draußen Sibirien sieht? Ob ihm einfällt, daß er Dalibor Novák durch mein Sibirien retten könnte? Ob er in der drückenden Stille meinen dreifachen Herzschlag hört?

»Ich hab's!« sagt er plötzlich und dreht sich um. Er setzt sich wieder hin, beugt sich über den Schreibtisch zu mir.

»Das Schnitzel war angebrannt und die Margarine ranzig, verdorben, völlig verdorben, ungenießbar, nicht wahr?«

Er nickt mir mit dem Kopf zu, und ich nicke zurück.
»Dalibor Novák hat nichts Strafbares getan, Sie haben sich
den Magen verdorben. Aber das geht vorüber«, sagt er.
Er steht auf, begleitet mich zur Tür und reicht mir die
Hand. »Alles geht vorüber«, wiederholt er und betont das
alles.
Als mich ein Wachposten über den Kasernenhof zurück-
bringt, ruft mir einer der Soldaten zu: »Wo kommen Sie
denn her?«
»Aus Sibirien!« rufe ich zurück.

Der abgehackte Daumen

Kino nach Kino, Kloster nach Kloster, Verhör nach Verhör. In den letzten Monaten scheinen sich die Schauplätze zu verdoppeln. Sie kehren wieder in immer neuer Variante. Wieder stehe ich in einem Büro des OBZ. Wieder werde ich verhört. Doch diesmal bin ich völlig ahnungslos, weshalb.

»Warum hat er sich den Daumen abgehackt?« fragt mich der Offizier hinter dem Schreibtisch. Zwischen uns aufgetürmte Akten. »Warum?« wiederholt er.

Ich sitze ihm gegenüber, ratlos.

»Wer hat sich den Daumen abgehackt?«

»Tun Sie nicht so! Sie wissen genau wer, und Sie wissen auch warum!« Seine Stimme schwillt an.

Um mich herum ist alles unwirklich. Dieses viereckige Büro mit den bis zur Decke reichenden Aktenschränken, dieser Schreibtisch. Dahinter das Fenster, das nichts weiter sehen läßt als grauen Himmel. Und dann die Stimme, die in meine Richtung zielt. – Wer und warum? Warum und wer? –

»Ich weiß es nicht, ich weiß nicht, was Sie meinen.« Meine Hände verkrampfen sich im Schoß.

»So, Sie kennen also Walter Schneider überhaupt nicht. Sie haben ihn nie gesehen, wissen nicht, wer er ist?«

»Walter Schneider?« Ich hebe die Augen.

»Also doch! Auf einmal fällt es Ihnen ein. Wie schön!« Und jetzt weiter. »Warum also, warum?«

Der Offizier klopft mit dem Füllhalter auf den Schreibtisch, dabei verspritzt er einen Tintenklecks auf einen leeren Bogen Papier.

Ich antworte schnell. »Ja, ich kenne Walter Schneider«, sage ich. »Er war einer der Kriegsgefangenen, der mit uns Internierten im Stofflager der Kaserne am Pohořelec gearbeitet hat. Aber er ist schon seit längerer Zeit nicht mehr bei uns. Ist wohl zu einer anderen Arbeit eingeteilt worden. Ich weiß es nicht.«

»So, so, Sie wissen also nicht, daß er zu einem Bauern nach Mělník kam, Sie wissen nicht, daß er Ihnen täglich Briefe schrieb. Sie wissen nicht, daß er Gesuche einreichte, um Sie besuchen zu dürfen, und daß er sich jetzt den Daumen abhackte. Er wollte ins Lazarett kommen. Dort, so hoffte er, würde man ihm eher einen Urlaub genehmigen. Von dort aus wollte er Sie dann besuchen. Und Sie tun so, als wüßten Sie von alldem nichts!«

Der Offizier richtet sich in seinem Sessel auf. Ich sacke auf dem meinen zusammen.

»Nein, ich weiß von nichts. Ich habe auch niemals einen Brief bekommen. Keine Nachricht. Nichts.«

Er scheint die Sinnlosigkeit dieses Verhörs einzusehen, schlägt ungeduldig mit der geballten Faust auf den Schreibtisch, ein paar Blätter flattern hoch.

Ich werde von einem Soldaten in unseren Schlafsaal zurückgeführt. Heute werde ich nicht mehr zur Arbeit geholt. Ich strecke mich auf meinem Bett aus, verschränke die Arme unter dem Kopf.

Walter hat sich den Daumen abgehackt? Und das nur, um mich besuchen zu können? Ich verstehe es nicht. Er war Musiker, Pianist. Und jetzt ohne Daumen?

Wir haben zusammen im Stofflager gearbeitet. Er holte die schweren Ballen aus den Regalen und rollte sie auf einem langen Meßtisch aus. Nach jeweils fünf Metern machte ich mit der Kreide einen Strich auf den Rand des Stoffes und trug die Meterzahl in eine Tabelle ein. Dann begann ich den Stoff von meiner Seite zusammenzurollen. Wenn der Ballen ganz vermessen war, knipste ich an das Ende einen Zettel mit der Gesamtmeterzahl. Walter trug dann den Ballen in das Regal mit den vermessenen Stoffen. Wir standen einander immer mit einem Zwischenraum von fünf Metern gegenüber. Nur wenn er die schweren Ballen aus dem Regal hob, taumelte er regelmäßig in meine Richtung und stieß mich an.

Über den Fünfmeterabstand rief er mir einmal zu, daß er nicht schlafen könne.

»Warum?« rief ich zurück. »Hast du Hunger und denkst immer an Fleisch und Torten?« Das tat ich oft.

»Nein, nein, ich denke nicht an Torten, ich denke an dich. Ich habe Hunger nach dir. Ich kann nicht schlafen. Weißt du, daß ich noch niemals ein Mädchen geküßt habe?« Nein, das wußte ich nicht. Er küßte auch mich nicht. Der Abstand war zu groß. Fünf Meter.

Und dann kam der Tag, an dem der Abstand so groß wurde, daß ich Walter nicht mehr sehen konnte. Am anderen Ende des Meßtisches stand ein älterer Mann. Er taumelte nicht, wenn er die Stoffballen aus dem Regal holte, und stieß auch nicht mit mir zusammen. Er erzählte über den Tisch hinweg von seiner Frau und seinen Kindern. Zwei Töchter hatte er und einen Sohn. In Tauberbischofsheim. Seit drei Jahren hatte er sie nicht mehr gesehen.

Ob ich Walter noch einmal sehen werde? dachte ich. Dieses sonderbare Verhör und der abgehackte Daumen. Wo war Walter jetzt? Ich sollte ihn niemals wiedersehen. Aber gehört habe ich noch einmal von ihm. An einem Sonntagnachmittag. Wir, die internierten Mädchen und Frauen, saßen in unserem Schlafsaal um den großen Tisch in der Mitte und spielten eine Art Prophezeiung. Selbst erdacht und selbst gebastelt. Wir hatten aus einem Karton Vierecke ausgeschnitten und willkürlich Zahlen daraufgeschrieben: 17, 325 oder sonst irgendeine Zahl. Vierundzwanzig Karten lagen auf dem Tisch, mit der Zahl nach unten. Für jede von uns eine Karte. Jede durfte ihr Schicksal ziehen und sich die Zahl merken. Dreimal hintereinander wurde gemischt und gezogen, gemischt und gezogen. Zuletzt wurden die drei Zahlen jeweils addiert, und die so ermittelte Summe ergab den Rest der Tage bis zur Freilassung aus dem Internierungslager.

Ich habe nicht erfahren, wie lange ich noch interniert bleiben mußte.

Mitten im Spiel öffnete sich die Tür, und ein Soldat kam herein. Er rief meinen Namen.

»Sie haben Besuch«, sagte er, »Kommen Sie mit.«

Besuch? Ich? Von wem? Der Soldat führte mich über den Kasernenhof zum Wachhaus. Dort stand ein älterer Herr mit einem Paket im Arm.

»Schneider«, stellte er sich mit einer Verbeugung vor. »Walter hat mich gebeten, Ihnen das hier zu bringen. Es sind Torten.«

Er reichte mir das Paket hin. Der Soldat neben mir öffnete es, schaute hinein, nickte mit dem Kopf. Ich durfte es behalten. Torten.

Ich erinnerte mich, daß Walter keinen Hunger nach Torten gehabt hatte.

»Walter liegt jetzt im Lazarett. Es hat ihm nichts genützt, daß er sich den Daumen abgehackt hat. Er bekam keinen Urlaub. Deshalb bin ich jetzt hier.«

»Sie sind nicht interniert?« fragte ich. »Nein, wir wohnen in Eger, aber wir sollen dort bald weg.«

»Schluß jetzt«, sagte der Soldat neben mir und stupste mich in den Kasernenhof.

»Danke, danke!« rief ich zu Herrn Schneider zurück. Er winkte mit der Hand so lange, bis ich hinter der Gebäudeecke verschwunden war.

»Kinder, es gibt Torten«, sagte ich, als ich wieder den Schlafsaal betrat. Torten? Da wurden alle Zettel zur Seite geschoben. Tante Resi, unsere Älteste, schnitt die Torten und Kuchen sorgfältig in vierundzwanzig Stücke. Da blieb für jeden nicht viel, aber doch eine Ahnung von süßer Seligkeit.

»Hier«, rief Tante Resi, »ein Brief für dich« und hielt mir ein Kuvert hin.

»Er lag unter der Torte«, fügte sie hinzu.

Ich setzte mich auf mein Bett und las. »Liebe, Liebste, Allerliebste!«

Schreiben kann er besser als reden, dachte ich. Aber der Brief war kurz.

»Daß ich Dir meinen Daumen geopfert habe, hat nichts geholfen. Jetzt will ich Dir mein Leben opfern und alle meine Jahre nur für Dich da sein. Und Du sollst mir Dein Leben dafür schenken. Und wenn Du es nicht tust, werde ich mich an allen Frauen, die mir begegnen, rächen!« An wie vielen Frauen er sich gerächt hat, weiß ich nicht. Ob der geopferte Daumen Walter bei seiner Karriere als Pianist gefehlt hat, werde ich wohl auch nie erfahren.

Klavier

Die Wohnung, in der ich putzen soll, ist weder groß noch schmutzig. Sie besteht aus einem Wohnzimmer, einem kleinen Schlafzimmer und einer noch kleineren Küche. Nur das Wohnzimmer ist geräumig, und es ist geschmackvoll eingerichtet. Mich interessieren allerdings weder die Schnitzarbeiten an dem großen Eichenschrank noch die lederbezogene Sitzecke. Mich interessiert nur der Flügel in der Mitte des Zimmers.

Ich spüle schnell die zwei Tassen und Teller in der Küche, schüttle Bettdecke und Kissen im Schlafzimmer auf, fahre mit dem Staubtuch über die Schnitzereien des Wohnzimmerschrankes und bleibe vor dem Flügel stehen.

Über acht Monate habe ich keine Taste mehr berührt. Ich öffne langsam den Deckel. Da liegt die ganze Klaviatur vor mir. Siebeneinhalb Oktaven! Ich lasse das Staubtuch auf den Teppich fallen und schlage das einmal gestrichene C an, dann das E, dann das G. Und jetzt den ganzen C-Dur-Akkord. Wie das klingt! Und jetzt den Dominantseptakkord. Und jetzt a-Moll.

Ich setze mich auf den Klavierschemel. Ob ich das As-Dur-Impromptu von Schubert noch kann? Ich beginne zaghaft mit den Läufen. Aber dann bekommen meine Finger Mut und ich selber auch. Das Pianissimo perlt von oben herab. Dann die vollen Akkorde. Und jetzt übernimmt die linke Hand die Melodie.

»Was machen Sie denn da?« kommt es plötzlich von der Tür. Meine Hände fallen in den Schoß, meine Augen schauen erschrocken den beiden tschechischen Offizieren entgegen, die durch das Wohnzimmer auf mich zukommen.

»Ich denke, Sie sollen hier meinem Freund die Wohnung putzen?« sagt der etwas rundliche Kleine. »Und statt dessen . . .?«

»Statt dessen spielt sie das As-Dur-Impromptu von Schubert«, unterbricht ihn der Große mit der Brille. »Ich liebe Schubert«, fügt er hinzu.

»Und Sie haben gut gespielt.« Er lächelt zu mir herunter. Der Kleine wirft ungeduldig die Arme in die Höhe. »An die Arbeit! Sie sind hier nicht zum Vergnügen.«

Ich schließe den Deckel des Flügels, bücke mich schnell, hebe den Staublappen vom Boden auf. Die beiden Offiziere sind schon wieder an der Tür. »Spielen Sie weiter«, ruft der Große über die Schulter zurück.

Jetzt habe ich einen festen Arbeitsplatz. Ich werde von einem Wachsoldaten täglich in die Wohnung geführt, in der es kaum etwas zu tun gibt. Und ich wage es, täglich Klavier zu spielen. Niemand stört mich, und meine Finger werden schon etwas gelenkiger.

Aber heute spielt jemand anderer. Beim Betreten der Diele höre ich die A-Dur-Sonate von Mozart, die mit der Alla Turca. Ich bleibe eine Weile stehen, dann öffne ich ganz leise die Wohnzimmertür. Da sitzt er vor dem Flügel, groß und schlank, in Zivil. Bei meinem Eintritt lächelt er und deutet mit dem Kopf auf die Sitzgruppe in der Ecke. Dorthin soll ich mich wohl setzen. Ich tue es und schaue ihm zu, wie er die Hände über die Klaviatur gleiten läßt, höre auf jedes Crescendo, jedes Diminuendo. Als der letzte Akkord verklingt, klatsche ich, klatsche wie im Konzert.

»Nein, nein«, wehrt er ab. »So gut war es nicht. Aber hier ist etwas für uns beide.« Er holt aus einem Fach des Eichenschrankes Noten heraus.

»Vierhändig«, sagt er. »Kennen Sie das?«

Ich kenne es nicht.

»Wollen wir es versuchen?«

Wir versuchen es. Es wird nicht perfekt. Manche Stellen müssen wir wiederholen. Aber wir haben viel Spaß. Er lächelt mich über seine Brille an. Ich lächle zurück.

»So, und jetzt haben wir uns einen Kaffee verdient«, sagt er, als er die Noten weglegt.

»Kommen Sie!« Er öffnet die Tür zur Küche. »Ich werde den Kaffee machen, und Sie decken den Tisch.«

Als das Kaffeewasser zu kochen beginnt, sagt er: »Ich heiße Jan Dobrák.«

Dobrák, denke ich, das heißt der gute Mensch. Kein anderer Name hätte besser zu ihm gepaßt.

Als er dann im Wohnzimmer in der Sitzecke Milch und Zucker in seiner Kaffeetasse umrührt, schaut er zu mir herüber. »Wieso sind Sie eigentlich interniert?« fragt er.

»Ich wurde von einem Revolutionsgardisten aus der Wohnung geholt«, sage ich.

»Aber warum, warum?«

»Ich weiß es nicht.«

»Waren Sie in der Partei oder beim BDM?«

»Nein.«

»Waren Ihre Eltern in der Partei?«

»Nein«.

»Wo haben Sie gewohnt?«

»In der Hermanngasse in Holeschowitz.«

»In Holeschowitz!« ruft er aus. »Wie kommen Sie denn in das braune Viertel beim braunen Haus?« Er stutzt.

»Das ist eine lange Geschichte«, antworte ich.

»Mein Vater war technischer Leiter am deutschen Theater in Prag. Als die Reichsdeutschen ins Sudetenland einmarschierten, wurde das deutsche Theater geschlossen. Mein Vater mußte ans Theater nach Aussig gehen. Dann, als die ganze Tschechoslowakei von den Nazis besetzt wurde, holte man meinen Vater an das wiedereröffnete Theater nach Prag zurück. Unsere alte Wohnung in Smichov war längst wieder neuvermietet. Uns teilte man jetzt eine Wohnung in Holeschowitz zu. Wir hatten keine Ahnung von einem braunen Viertel und waren froh, daß wir überhaupt eine Wohnung bekamen.«

Jan Dobrák hat mir aufmerksam zugehört. Kein einziges Mal unterbrach er mich. Dann sagt er nachdenklich:»Jetzt ist mir einiges klar.« Er nimmt einen Schluck Kaffee. »Und wo sind Ihre Eltern jetzt?« fragt er.

»Mein Vater ist in französischer Kriegsgefangenschaft. In Metz«, sage ich.

»Meine Mutter ist an dem Tag, da man mich aus der Wohnung holte, vom Einkauf nicht zurückgekehrt. Wo sie jetzt ist, weiß ich nicht.«

Am nächsten Tag erwartet mich niemand in der Wohnung, auch am folgenden und darauffolgenden nicht. Ich übe weiter, allein.

Dann, etwa nach vierzehn Tagen, endlich! Der Soldat, der mich zu Dobráks Wohnung begleitet, steckt den Schlüssel in die Tür. Bevor er ihn im Schloß umdreht, öffnet sich die Tür von selbst.

Jan Dobrák steht in der Diele. Er streckt mir beide Hände entgegen. »Heute haben wir einen Grund zum Feiern«, begrüßt er mich.

»Grund zum Feiern?«

»Ja«, sagt er und zieht mich ins Wohnzimmer, bleibt vor mir stehen, holt einen Brief aus seiner Brusttasche, hält ihn mir hin. »Für Sie«, sagt er. Auf dem Briefumschlag kein Empfängername, keine Adresse. Ich drehe den Briefumschlag um, suche nach dem Absender. Aber auch da nichts. »Öffnen Sie ihn«, ermutigt mich Dobrák.

Ich fahre vorsichtig mit dem Zeigefinger zwischen die Vorder- und Rückseite des Umschlages, da, wo er nicht ganz zugeklebt ist, öffne ihn und ziehe ein Blatt heraus, nicht größer als der Umschlag selbst.

Aber . . . das ist doch die Schrift meiner Mutter! Ein paar Zeilen nur.

»Ich bin nicht interniert, und ich hoffe, Du wirst es auch bald nicht mehr sein. Wenn wir uns wiedersehen, werde ich Dir alles erzählen . . .«

»Meine Mutter, meine Mutter«, stottere ich vor mich hin. Ich kann es nicht begreifen. Ich fange an zu heulen, lege beide Arme um Jan Dobráks Hals, küsse seinen Mund, seine Wangen, seinen Mund, seine Stirn. Er drückt mich fest, ganz fest an sich. Für einen Augenblick nur. Dann schiebt er mich ruckartig von sich.

»Machen Sie es mir nicht noch schwerer, als es ohnehin schon ist«, sagt er.

Ich sinke auf das Ledersofa, lege Mutters Brief vor mich auf den Tisch. Jan setzt sich neben mich. »Wie haben Sie das fertiggebracht?« frage ich und streichle über den Brief. »Wie haben Sie meine Mutter gefunden?«

»Sie haben mir ja einiges von sich erzählt. Ich kannte Ihren Namen und Ihre letzte Anschrift«, sagt Jan Dobrák. »Das hat genügt. Mein Freund arbeitet in der Erfassungsstelle für Deutsche. Und das hier ist das Resultat«, er zeigt auf den Brief.

»Ihre Mutter war nicht interniert. Sie ist jetzt Köchin im Haushalt von General Škvařil in Prag-Střešovic. Ich habe sie dort aufgesucht, und sie hat mir diesen Brief an Sie mitgegeben. Wollen Sie ihr auch schreiben?«

Ich will. Jan Dobrák legt ein Stück Papier und einen Füllfederhalter vor mich hin. Dann verläßt er das Zimmer, er will mich nicht stören. Mir fällt so viel ein, was ich meiner Mutter unbedingt schreiben müßte, sagen müßte. So viel! Zuviel! Und es werden doch nur ein paar Zeilen voller Hoffnung, sie bald wiederzusehen.

Die Hoffnung erfüllte sich. Es dauerte keine vier Wochen, und ich wurde aus der Internierung entlassen. Was hätte ich wohl getan an diesem lang ersehnten Tag, wenn es Jan Dobrák nicht gegeben hätte? Ich wäre frei gewesen. Ja, vogelfrei. Ohne Nest. Den Koffer in der Hand vor dem geschlossenen Tor der Kaserne. Ausgesperrt. Dahinter Schlafsäle und Betten. Hier vor mir die Straße nach links, nach rechts. Ohne Ziel. Und von all den vielen Dächern der Stadt keines für mich.

Aber es gab Jan Dobrák. Er kam mit seinem kleinen Škoda-Auto, hielt vor dem Kasernentor, öffnete die Wagentür und fuhr meinen Koffer und mich nach Prag-Střešovice vor die Villa des Generals Škvařil.

»Ihre Mutter wartet auf Sie«, sagte Jan Dobrák, als er mir beim Aussteigen half. »Man hat ein zweites Bett in ihr Zimmer gestellt. Für Sie.«

Er kam nicht mit in das Haus. Nur ein schneller Hände-
druck. Er hatte es eilig, wieder in den Wagen zu kommen,
ließ den Motor an. Ich sah ihm nach, bis das kleine Auto
hinter der nächsten Straßenecke verschwunden war.

Das erhöhte Podium

Střešovice, Villenvorort oberhalb von Prag. Hier am Hang, inmitten eines großen Gartens, steht das Haus von General Škvařil. Auf der ersten Etage das Zimmer meiner Mutter. Wir haben uns in den zusammengerückten Betten ausgestreckt. Im Schrank gegenüber sind Kleider und Wäsche aus meinem Koffer untergebracht. Wir haben kein Licht angemacht. Die Nacht kriecht aus allen Ecken und hört uns zu.

»An dem Tag, an unserem letzten Tag, hatten alle Geschäfte geschlossen«, sagt meine Mutter neben mir. »Ich bin mit leerer Einkaufstasche nach Hause gekommen. Und die Wohnung, die ich vorfand, war auch leer. Du warst fort. Ich habe dich in allen Zimmern gesucht, habe nach dir gerufen. Keine Antwort. Du warst nicht mehr da.«

Meine Mutter greift über die Bettdecke nach meiner Hand, als wollte sie sich vergewissern, daß ich jetzt da bin.

»In meiner Ratlosigkeit klingelte ich an der Tür unseres Nachbarn. Herr Svoboda öffnete. Als er mich da stehen sah, sagte er: ›Ihre Tochter wurde von einem Revolutionsgardisten abgeholt. Ich konnte es nicht verhindern. Kommen Sie herein. Ich werde Ihnen alles erzählen.‹«

Die Eheleute Svoboda ließen meine Mutter nicht mehr in unsere Wohnung zurück. Es war zu gefährlich. Dort hätte man sie auch abholen können wie mich, und Frau Svoboda kannte die Angst, die man bei jedem Klingeln hatte. Sie war Jüdin. Wir wußten es. Sie hielt sich während der Nazizeit hinter der Tür verborgen. Und jetzt versteckte sie meine Mutter, monatelang. Dann versuchte Herr Svoboda, über Freunde verschiedene Verbindungen aufzunehmen. Schließlich gelang es ihm, für meine Mutter die Stelle als Köchin bei General Škvařil zu bekommen.

Und so lagen wir jetzt im Gästezimmer einer vornehmen Villa in Střešovic. Aber wie soll es weitergehen? Wir haben kein Geld. Die paar Kronen im Portemonnaie meiner Mutter reichen kaum eine Woche lang für mein Mittagessen. Und ich kann unmöglich verlangen, daß ich hier Logis *und* Kost frei bekomme.

Am nächsten Tag gehe ich zur Post, schlage das Telefonbuch auf und beginne, Nummer nach Nummer meiner alten Freunde und Bekannten zu wählen. Meistens tutet mir nur das Freizeichen ins Ohr, oder es meldet sich eine fremde Stimme mit fremdem Namen.

Dann endlich: »Naumann.« Es ist meine Mitschülerin aus dem Gymnasium. Sie ist Halbjüdin. Ihre Stimme klingt ganz leise. »Besuch mich, wenn du unbedingt willst«, sagt sie. Ich will nicht unbedingt, aber ich muß unbedingt alles versuchen.

Als ich an ihrer Tür im Stadtteil Weinberge klingle, sehe ich, wie jemand durch den Türgucker schaut. Dann nichts. Ich klingle noch einmal. Jetzt öffnet sich die Tür einen Spalt. »Komm schnell herein«, flüstert eine Stimme. Ich husche in die Diele. Da steht Gerda. Ich will sie begrüßen, aber sie legt den Zeigefinger auf die Lippen und zieht mich ins Wohnzimmer.

»Bitte sprich ganz leise«, flüstert sie. »Meine Eltern und ich können kein Tschechisch, und es ist nicht gut, wenn uns die Nachbarn hören.«

Es ist sinnlos, ihr meine Bitte vorzutragen, ich weiß, aber ich tue es trotzdem.

»Kannst du mir irgendeine Arbeitsstelle vermitteln?« frage ich sie. »Wir haben unsere Wohnung verloren. Ich war über ein Jahr interniert. Ich muß Geld verdienen.«

»Leider kann ich dir nicht helfen«, flüstert sie. »Wir haben selbst Angst, aus unserer Wohnung ausgewiesen zu werden. Ich bedaure.« Sie zuckt mit den Achseln.

Ihre Eltern bekomme ich nicht zu sehen, verabschiede mich im Wohnzimmer, schleiche wortlos durch die Diele zur Tür, die sich leise hinter mir schließt.

Und wieder liege ich am Abend neben meiner Mutter. Um ein paar Kronen und ein paar Hoffnungen ärmer.

»Soll ich die Frau Škařilová bitten, dir eine Stelle bei ihren Bekannten zu besorgen?« fragt mich meine Mutter, »oder willst du es morgen noch einmal versuchen?« Ich will es noch einmal versuchen.

Im Seitenraum der Post suche ich mir heute die mittlere Telefonzelle aus. Die erste von links hat mir gestern kein Glück gebracht. Ich wähle die Nummer von Hans Krämer. Er ist der Freund meines Vaters. Es meldet sich eine Frauenstimme: »Hlínová.«

Geht es denn so weiter wie gestern? Ich lege den Hörer auf. Soll ich vielleicht zu unseren Nachbarn in der Hermanngasse gehen? Sie haben sich so für meine Mutter eingesetzt. Soll ich sie noch einmal bitten? Sie schon wieder bitten? Ihre Gutmütigkeit ausnützen?

Irgend etwas sträubt sich in mir. Und dieses Irgendetwas läßt auch nicht zu, daß ich die Telefonnummer von Dobrák wähle. Er hat für mich so viel getan. Ich kann nicht noch mehr von ihm erbitten.

Ich will es bei Emmy versuchen. Emmy Krahl ist meine Freundin vom Gymnasium. Halbjüdin wie die Naumann. Ich habe sie in meiner Schulzeit oft besucht. Ihre Mutter war zwar immer etwas scheu, aber Angst hatte sie nie vor mir.

Ich wähle Emmys Nummer. »Krahlová« kommt es aus der Muschel. Ich erkenne die Stimme von Emmys Mutter. Ich melde mich mit meinem Namen, höre ein Aufatmen, und dann kommt es deutsch zurück.

»Sie sind in Prag? Da wird sich Emmy aber freuen. Sie ist jetzt im Büro. Rufen Sie sie doch an. Ich gebe Ihnen ihre Nummer. Aber dort sprechen Sie bitte tschechisch. Vorsichtshalber.«

Ich rufe an. Es meldet sich die Spedition Maršík. Ich lasse mich mit Emmy Krahlová weiterverbinden und melde mich. Ein Weilchen bleibt es still, dann Emmys Stimme: »Ty žiješ? Du lebst? Ich kann jetzt nicht so sprechen, ich habe hier viel Arbeit. Aber heute abend? Kommst du heute abend zu mir nach Hause? Kommst du?«

Ich komme, ich bin da. Emmy, groß und ein bißchen beleibt, schließt mich in die Arme. Es tut gut. Und es tut gut, in ihre dunklen, lächelnden Augen zu sehen. Ihre Mutter hat mir zuliebe Zwetschgenknödel gemacht. Sie weiß, wie gern ich die esse. Dann muß ich erzählen. Nein, nicht alles, aber einiges. Ich darf nicht zu spät zu Škvařils nach Hause kommen. Ich schildere gerade, wie mich der Wachposten über den Kasernenhof nach Sibirien geführt hat.

»Kannst du Schreibmaschine schreiben?« unterbricht mich Emmy plötzlich.

»Nein«, sage ich verwundert.

»Kannst du Stenographie?« fragt sie weiter.

»Nein.«

»Kannst du englische Korrespondenz?«

»Nein. Nur eben Englisch, so halt.«

»Macht nichts«, sagt Emmy, »das alles wirst du bei Maršík machen.«

»Wieso?« frage ich.

»Weil du dort als Fremdsprachenkorrespondentin eingestellt wirst.«

»Aber das alles kann ich ja gar nicht«, wehre ich mich.

»Doch, das alles kannst du. Und Maršík braucht dringend jemanden, genau jemanden wie dich. Maršík hat eine internationale Spedition. Ich werde morgen früh mit ihm sprechen. Sei um zehn Uhr vormittags in unserem Büro. Und merk dir bitte, ganz gleichgültig, was er dich fragen wird, sag immer ja. Du kannst alles.«

Am nächsten Vormittag trete ich ins Vorzimmer der internationalen Spedition Maršík in einer Seitenstraße vom Wenzelsplatz. Ich werde in das Büro von Fräulein Krahlová weiterverwiesen. Emmy hat hier eine leitende Stellung. Zur Zeit übersiedelt sie Prinz Rohan nach England. Sie meldet mich bei ihrem Chef an und holt mich in sein Büro. Sein Stuhl steht auf einer Art Podium vor einem Schreibtisch, der selbst wieder von verschiedenen Fächern überbaut ist. Alles geht so hoch hinauf. Ich muß meinen Kopf zu ihm emporheben. Er aber streckt mir freundlich die Hand entgegen und weist auf einen Stuhl unten neben dem Podium.

»Was haben Sie bisher getan?« will er wissen.

»Ich habe studiert«, antworte ich.

»Was haben Sie studiert?«

»Germanistik und Geschichte.«

»Können Sie auch Englisch?«

»Ja.«

»Können Sie Schreibmaschine?«

»Ja.«

»Können Sie Stenographie?«

»Ja.«

»Ausgezeichnet«, sagt Herr Maršík. »Sie sind genau die Kraft, die ich suche. Können Sie morgen früh um 8 Uhr hier anfangen?«

Auch das kann ich.

Emmy bemüht sich trotz ihrer vielen Arbeit, mich in die Geheimnisse einer Schreibmaschine einzuweisen, erklärt mir, wie aus Kleinbuchstaben Großbuchstaben werden, wie man ein Kohlepapier einlegt und einen Bogen einspannt. Die am häufigsten vorkommenden Worte in Geschäftsbriefen schreibt sie mir als Kürzel in ein Heft.

»Das kannst du dann jeweils weiter ergänzen. Im übrigen kannst du mich immer fragen, wenn du mich brauchst.«

Am nächsten Morgen bin ich schon ein Viertel vor acht im Büro. Emmy gibt mir einen Stenoblock und zwei Bleistifte. Ich werde nicht gleich gebraucht. So sitze ich vor meiner Schreibmaschine in der Ecke eines Seitenbüros und versuche mir einzuprägen: Q W E R T Z U I O P . . .

Ich lege ein Kohlepapier unter einen Briefbogen und ein dünnes Blatt für die Kopie, versuche einzuspannen und den Wagen hin und her zu bewegen, versuche mir einige wichtige Kürzel einzuprägen.

Aber da werde ich schon zum Chef gerufen. Ich setze mich mit Stenoblock, Bleistift und klopfendem Herzen auf den Stuhl tief unter dem Schreibtisch des Herrn Maršík.

Er beginnt zu diktieren, er diktiert in Deutsch: »An die Firma Linden & Co. Sehr geehrte Herren, wir danken Ihnen für Ihr Schreiben vom 6. dieses Monats und teilen Ihnen mit, daß wir mit Ihren Bedingungen einverstanden sind . . .«

Herr Maršík diktiert rasend schnell. So scheint es mir. Ich kann ihm unmöglich folgen und schreibe auf meinen Stenoblock in Langschrift »einverstanden«. Ich bin froh, daß er so hoch oben sitzt und nicht sieht, was auf dem Block steht. Ich versuche mir zu merken, daß dieses »einverstanden« der Firma Linden & Co gilt.

Und schon geht es weiter. An Herrn Zanders. Der Termin für den Umzug muß leider um eine Woche auf den 17. Oktober verschoben werden. Ich schreibe auf meinen Block »Zander« und den »17. 10«. Beim nächsten Brief notiere ich mir »Absage« und versuche mir zu merken, wie Herr Maršík diese knappe Absage formuliert hat. Zum Schluß reicht er mir etwa fünfzehn Schreiben herunter.

»Wenn Sie fertig sind, bringen Sie mir die Briefe mit den Antworten, oder legen Sie sie nur hier rechts auf den Schreibtisch.«

Ich decke die Kurznotizen auf meinem Stenoblock schnell mit den Firmenschreiben zu, stehe auf und gehe. Gehe in die Ecke zu dem Gespenst von Schreibmaschine, lege die Briefe und meinen Block daneben.

Erstes Schreiben an Linden & Co. »Einverstanden«. Ich versuche mich zu erinnern, wie dieses Einverstanden im Mund von Herrn Maršík geklungen hat. Ich spanne den Firmenbogen mit Kohlepapier und Kopierblatt ein und versuche den richtigen Platz für die Adresse und den Briefkopf zu finden. Dann muß das ganze Alphabet an Buchstaben her und noch Punkte und Kommas und Zahlen und, und, und.

»Sehr geehrte Herren, . . .« Der erste Brief ist eine Katastrophe. Also noch einmal. Ich benutze die Katastrophe als Vorlage für eine weitere mittlere Katastrophe. Erst beim dritten Anlauf gelingt es einigermaßen. Aber nur einigermaßen. Ich muß radieren.

Dann kommt der zweite Brief. Auch dreimal. Ich lasse die Mittagspause ausfallen, sonst werde ich mit meinen fünfzehn Briefen bis 18 Uhr nicht fertig. Gearbeitet wird hier von 8–12 und von 14–18 Uhr.

Gegen sechs Uhr nachmittags habe ich tatsächlich alle Zusagen und Absagen, alle Terminbestätigungen und Verschiebungen geschrieben. Ich sortiere sie in eine Unterschriftenmappe und klopfe im Chefbüro an. »Legen Sie sie hierher«, sagt Herr Maršík und zeigt auf die rechte Ecke seines Schreibtisches. Wenn er nicht diktiert, spricht er tschechisch.

In der Nacht habe ich wilde Träume. Das große T steht als Galgen vor mir, die Schreibmaschine rollt mich in sich ein und zerdrückt mich, der Bügel, der das Papier hält, fällt als Guillotine auf mich und schlägt mir den Kopf ab. Dieser Kopf scheint nicht ganz abgeschlagen zu sein – er tut so weh, er tut am nächsten Morgen so weh.

»Denk nur, er hat alle deine Briefe unterschrieben«, begrüßt mich Emmy im Büro.

Meinem Kopf geht es jetzt schon wesentlich besser.

An Tagen, an denen Herr Maršík erst am Nachmittag diktiert, sitze ich oft bis 22 Uhr an der Schreibmaschine. Emmy läßt mir dann ihren Schlüssel da, damit ich die Außentür abschließen kann. Vielleicht hätte man mich doch besser als Putzfrau eingestellt. Ich hätte es leichter gehabt. Offiziell bin ich auch nur als Putzfrau eingestellt worden. Eine Deutsche darf auf keinen Fall mehr sein.

Niklaskirche

Jeden Morgen ergehe ich mir ein Stück Schönheit von Prag. Nein, ich erlaufe es mir. Schnell muß es gehen. Vorbei an den Gärten und Villen von Střešovic, durch die Parlergasse, entlang des Pohořelec. Das Glockenspiel der Loretokirche grüßt die Türme des Hradschin und grüßt mich. Aber der schnelle Takt meiner Schuhe klappert schon die steile Nerudagasse zur Niklaskirche hinunter. Hier unterbreche ich meinen Lauf, mag es so spät sein, wie es will. Hier mache ich halt, steige die Stufen hoch, öffne die Kirchentür. Ich setze mich nicht, ich knie nicht nieder, ich bete nicht. Ich sage nur guten Morgen. Wem? Den barocken Engeln, die das Altarbild halten? Vielleicht. Ich verspreche den kleinen dickbäuchigen Himmelsboten, am Abend länger zu bleiben.

Aber jetzt muß ich weiter. Durch die Brückengasse, über die Karlsbrücke, vorbei an den Heiligen, vorbei an Nepomuk, dem Schweiger. Die Moldau unter mir hat sein Geheimnis bis heute bewahrt.

Weiter auf der anderen Seite des Flusses unter dem Brückenturm, vorbei am Clementinum und Karolinum. Hier habe ich Vorlesungen besucht, hier habe ich studiert. Das ist Vergangenheit. Jetzt gehöre ich nicht mehr dazu. Ich laufe vorbei unter Laubengängen durch die verschlungenen Gassen der Altstadt, bis hin zum Graben. Den Wenzelsplatz hoch, um die Ecke gebogen, und schon sitze ich vor meiner Schreibmaschine.

Wenn Herr Maršík nicht nachmittags diktiert und ich pünktlich um 18 Uhr das Büro verlassen kann, könnte ich gemächlich nach Hause gehen. Aber ich laufe wieder. Ich habe ein Versprechen zu halten, und die Niklaskirche wird um 19 Uhr geschlossen.

Ich gehe zurück durch die Gassen der Altstadt. Die grüne Patinakuppel der barocken Kirche unter dem Hradschin leuchtet in der Abendsonne zu mir herüber. Sie wartet auf mich.

Jeden Abend stehe ich allein zwischen den Bänken. Ich setze mich nicht, ich knie nicht. Genau wie am Morgen. Ich bete nicht. Oder ist das ein Beten? Dieses Schweigen, dieser Friede um mich herum, der Friede in mir. Ich vergesse, was war, vergesse, was ist, vergesse auch mich. Was da den Kirchenraum und die Kuppel anfüllt, ist Glück. Zeitloses Glück.

Aber der Küster mit dem großen Schlüssel erinnert mich daran, daß es da draußen noch so etwas wie Zeit gibt. Er lächelt mir zu. Wir kennen einander schon. Allabendlich schließt er hinter mir die Tür.

Langsam steige ich die Nerudagasse hoch. Als Kind war ich anders, denke ich. Als Kind habe ich nicht nur schweigend dagestanden. Als Kind wollte ich etwas tun, wollte Schmerz und Qual mit Rosen lindern. Damals im Treppenhaus in Smichov. Ob die Rosen noch da sind? Ich will es wissen, ich muß es wissen. Nächsten Sonntag werde ich nach Smichov fahren.

Der Vorort Smichov liegt am anderen Ende Prags. Die Straßenbahnfahrt von Střešovic dauert lang. Es geht den Berg hinunter. Ich sitze am Fenster, sehe, wie uns Autos überholen, sehe, wie Fußgänger die Straße überqueren, und sehe doch nichts. Vor meinen Augen steht ein Eckhaus in Smichov. Vor Jahren, vor vielen Jahren wohnten wir dort.

Das geräumige Treppenhaus wand sich um den Aufzugschacht, der von einem schmiedeeisernen Rankengitter bewacht wurde. Meine Eltern waren zufrieden mit dem Aufzug, meine achtjährigen Füße waren es auch. Sie liefen mit ihm um die Wette. Wenn meine Mutter den Knopf drückte, um den Aufzug zu rufen, drehte ich mich vom obersten Treppenabsatz, tip, tip, tip, in die Tiefe. Das freute mich, solange ich nicht wußte, ob der Aufzug oder ich zuerst im Erdgeschoß ankam.

Nach einiger Zeit war ich so trainiert, daß ich immer auf

meine Mutter warten mußte. Ich beschloß, dem Aufzug eine Chance zu geben, und rannte nur bis zum ersten Stock. Dort legte ich eine Pause ein und wartete beim Kruzifix, das hoch in einer Ecke des Treppenhauses hing. Das geneigte Haupt des Gekreuzigten schaute herab auf einen Rosenstrauß aus Wachs, der unter ihm montiert war. Wenn ich den Aufzug herunterschweben sah, hüpfte ich die letzten achtzehn Stufen hinunter und stieß fast mit meiner Mutter zusammen, die aus der sich öffnenden Kabinentür herausstieg.

»Du wirst dir noch einmal den Hals brechen«, sagte sie täglich.

»Das werde ich nicht«, wiederholte ich täglich. Es war ein lang eingefahrenes Zeremoniell.

Den Hals brach ich mir nicht, aber das Zeremoniell zerbrach. Es schlug ins Gegenteil um.

»Wo bleibst du so lange?« Mutters Stimme kam vom Erdgeschoß zu mir und zum Kruzifix. Ich konnte noch nicht kommen, ich hatte zu tun. Ich hatte Rosen zu malen.

Unser Religionslehrer hatte uns das Leiden Christi so lebendig geschildert, daß ich den Verrat von Judas und Petrus, alle Demütigungen und Qualen bis hin zur Kreuzigung ungeschehen machen wollte. Während ich auf den Aufzug wartete, sah ich ihn da oben in der Ecke des Treppenhauses hängen, bleich und zart, Dornen um sein Haupt, Blut aus seinem Herzen tropfend. Zu seinen Füßen ein paar armselige Wachsrosen.

Frische Rosen brauchte er, süße, duftende, die sein Leid bedeckten. Ich malte mit der Fußspitze eine Rose auf die Kacheln des Schachbrettmusters am Treppenabsatz und warf sie in Gedanken dem Gekreuzigten hinauf. Eine war zuwenig für soviel Qual. Am nächsten Tag malte ich drei. Auch sie reichten nicht aus.

Ab jetzt wartete ich nicht mehr, bis meine Mutter auf den Knopf drückte. Sobald sie anfing, sich zum Ausgehen vorzubereiten – Einkaufstasche, Geld, Hut, Mantel, Handschuhe, das alles dauerte seine Zeit, und dann mußte ja noch der Aufzug geholt werden –, lief ich voraus, drei Stockwerke tief. Inzwischen ritzte ich Rosen mit der Fußspitze in die Kacheln. Es wurden täglich mehr, denn ich hatte eine gewisse Fähigkeit im Malen erlangt. Und täglich ließ ich meine Mutter länger im Erdgeschoß warten.

Wer hat wohl dem Gekreuzigten Rosen emporgeworfen, als mein Vater an das Theater nach Aussig in Nordböhmen versetzt wurde? Als wir nach Prag zurückkehrten, bekamen wir eine Wohnung im Stadtteil Holeschowitz zugewiesen.

Die Straßenbahn hält. Ich steige aus, überquere die Straße, gehe an Häusern vorbei, die mir so vertraut und so fremd vorkommen.

Und da, an der nächsten Straßenecke, da ist es: *unser* Haus. Ich bleibe eine Weile stehen, schaue zur vierten Etage hinauf. Dort oben haben wir gewohnt. Ich öffne die Haustür, langsam, gehe durch den Flur bis zum Treppenhaus. Der Aufzug steht hinter dem schmiedeeisernen Rankengitter im Erdgeschoß.

Zögernd steige ich Stufe um Stufe bis zum Treppenabsatz. Die Ecke dort oben ist leer. Niemand leidet mehr dort am Kreuz. Keine Rosen aus Wachs an der Wand. Nur eine Kachel im Schachbrettmuster am Treppenabsatz scheint mir mehr abgeschabt zu sein als die anderen, so als hätte jemand hier viele feine Linien eingeritzt.

Prager Fenstersturz

»Ich bin viel zu dick geworden«, sagt Emmy und holt ein
Kleid aus ihrem Schrank. Ein schwarz weiß gestreiftes
Seidenkleid mit langem Arm und einem silberdurchwirk-
ten Gürtel. Ein Kleid für festliche Anlässe.
»Schau nur, das kann ich nicht mehr tragen. Probier du es
doch mal an. Du bist schlank.«
Emmy hält mir das Kleid hin. Ich zögere.
»Na, probier es schon«, drängt sie.
Ich streife meinen Rock ab, ziehe die Bluse aus und
schlüpfe in das Seidenkleid.
»Das steht dir ausgezeichnet!« ruft Emmy aus. »Schau dich
im Spiegel in der Diele an.«
Ich laufe hinaus, stelle mich vor den Spiegel, wiege mich
in den Hüften, drehe mich schwungvoll von rechts nach
links. Das Kleid gefällt mir.
»Du hast einen ausgezeichneten Geschmack!« rufe ich
Emmy in den Spiegel zu.
»Ja«, sagt sie, »aber der nützt mir jetzt nichts. Das Kleid ist
mir zu eng. Und dieses auch und das hier auch.«
Sie holt noch zwei weitere Kleider aus dem Schrank und
legt sie über die Stuhllehne. »Die Kleider gehören dir«,
sagt sie.
»Nein, Emmy, nein«, protestiere ich. »Wann und bei welcher Gelegenheit könnte ich so vornehme Kleider anzie-
hen?«
»Die Gelegenheit wird sich schon ergeben, und wenn du
sie nicht nimmst, dann stecke ich sie in die Mülltonne«,
droht sie.
Jetzt kommt der Wäscheschrank dran. Emmy holt aus den
Fächern Unterhemden, Höschen, Strumpfhalter, Nacht-
hemden. Einen ganzen Stoß, legt ihn vor mich auf den
Tisch. »Alles zu eng«, sagt sie. »Alles für den Müll. Es sei
denn, du erbarmst dich dieser Sachen.«

Ich protestiere und protestiere. Es ist vergeblich. Der Müll oder ich. Das ist ihre Alternative. Ich gönne dem Müll weder die eleganten Kleider noch die Unterwäsche. Emmy legt alles in eine geräumige Beuteltasche.

»Vergiß nicht, sie nachher mitzunehmen. Weißt du noch, daß wir sogar in der Schule hübsche Kleider trugen?« fragt Emmy und setzt sich mit mir an den Couchtisch, wo Teetassen und eine Teekanne bereitstehen.

»Aber auch unsere Lehrer waren nicht übel angezogen«, erinnere ich mich. »Nur der Weiser nicht. Der Arme, immer trug er den gleichen karierten Anzug, ein weißes Hemd und eine rote Krawatte.«

»Der Weiser hatte es auch nicht nötig. Er war ja schließlich Schriftsteller«, sagt Emmy und gießt mir Tee ein. »Er veröffentlichte doch den Fortsetzungsroman *Frachter Sweaborg* im Prager Tagblatt.«

»Weißt du noch, wie wir eine seiner Fortsetzungen auswendig gelernt haben, weißt du das noch?«

Natürlich weiß sie es. Wir lachen beide.

Herr Professor Weiser hatte die Gepflogenheit, uns von Zeit zu Zeit einen Klassiker unserer Wahl auswendig lernen zu lassen. Die Stelle und die Länge der Stelle durften wir selbst bestimmen. Wir wechselten weder den Klassiker noch die Stelle. Emmy hatte sich für den Prolog aus Goethes Faust entschieden, ich suchte ständig das Land der Griechen mit meiner Seele, und Hans Björn war immer Franz, die Kanaille. So hatte jeder Schüler sein festes Programm, und Herrn Professor Weiser fiel es nicht auf, da die Vortragenden wechselten.

Schließlich wurde es uns selbst zu langweilig, und als Herr Weiser wieder einmal einen Klassiker unserer Wahl verlangte, wählten wir *ihn*. Fritz machte den Vorschlag, eine Fortsetzung von *Frachter Sweaborg* auswendig zu lernen. Wir teilten den Text unter uns auf. Für jeden Schüler fünf Zeilen. Die ersten fünf Zeilen bekam Hilde, die in der ersten Bank links am Fenster saß. Die weiteren fünf Zeilen ihre Nachbarin und die übernächsten ihr Nachbar. So schlängelte es sich durch die Reihen bis zum letzten Schüler in der letzten Bank.

Herr Professor Weiser stand in kariertem Anzug, weißem Hemd und roter Krawatte vor der Klasse, hielt die Arme über der Brust verschränkt, und dann kam es wie immer: »Meine Damen und Herren, heute bekommen wir wieder einen Klassiker Ihrer Wahl zu hören. Wer von Ihnen möchte denn . . .«

Bevor er seinen Satz beenden konnte, meldete sich Hilde am Fenster. Herr Weiser nickte ihr zu: »Ja, bitte.«

Sie stand auf und rasselte die ersten fünf Zeilen der vorgestrigen Fortsetzung von *Frachter Sweaborg* herunter. Als sie sich setzte, sprang ihre Nachbarin auf. Weitere fünf Zeilen. Und dann der nächste und dann die nächste. Herr Weiser unterbrach uns nicht. Er begann, auf seinen Fußsohlen zu schaukeln. Von den Fersen auf die Spitzen. Von den Spitzen auf die Fersen. Überlegte er sich, wie er reagieren sollte? Mit welcher Disziplinarstrafe?

Als der letzte Schüler geendet hatte, hörte Herr Weiser auf zu wippen, löste die Arme über der Brust und lächelte.

»Meine Damen und Herren, ich freue mich, daß Sie mich zu den Klassikern zählen«, sagte er, und wir klatschten spontan Beifall.

»Ach, der Weiser war ein Weiser«, sagt Emmy nachdenklich. Dann lacht sie auf. »Kannst du dich erinnern, daß du einmal statt eines Aufsatzes ein Gedicht abgeliefert hast?« fragt sie mich. Na und ob ich mich daran erinnern kann! Ich rühre in meiner Teetasse. Aus dem goldbraunen Getränk steigt ein Erlebnis auf, das ich nie vergessen werde.

Es war in der Septima. Der ganze Vormittag von acht bis dreizehn Uhr gehörte einem Klassenaufsatz. Der Weiser hatte das Thema in großen Lettern an die Tafel geschrieben: »Buch und Schwert«. Jetzt saß er oben am erhöhten Katheder und wir unten vor unseren Heften.

Ich hatte bereits das Datum geschrieben und die Überschrift. Jetzt sollte ich also beginnen. »Buch und Schwert.« Es war Krieg. Schwert? Nein, dazu fiel mir nichts ein, was ich schreibwürdig gefunden hätte. Aber Buch, Sprache, Wort, das war es! Das Wort als Waffe für Ideale und ihr Gegenteil, das Wort als Heilmittel und Gift. Ich fing an, auf meinem Schmierblatt zu schreiben. Aber die Wörter, die da kamen, stellten sich in fünffüßigen Jamben hintereinander, und ihre Zeilen schlossen sich im Kreuzreim. Und schon kam die zweite Strophe und die dritte und die nächste. Nach dem letzten Schlußpunkt waren vier Seiten beschrieben und auch vier Stunden des Vormittags vergangen. Gerade Zeit genug, den Text in die Reinschrift zu übertragen.

Erst als die Hefte eingesammelt waren, wurde mir bewußt, was ich getan hatte. Mein Herz fing an zu klopfen, mein Hals begann zu würgen. Sollte ich zum Weiser gehen und ihn bitten, mich diese Klassenarbeit wiederholen zu lassen? Oder sollte ich es darauf ankommen lassen, unter meinen Strophen in roter Tinte zu lesen: Thema verfehlt, ungenügend.

Das Würgen im Hals, die Unruhe im Herzen hielten vierzehn endlose Tage an und steigerten sich in wildem Crescendo, als der Weiser mit einem Stoß Hefte das Klassenzimmer betrat und sie zu verteilen begann. Es ging nach dem Alphabet, aber mein Name wurde übersprungen. Also doch ein Ungenügend! Jetzt wußte ich es. Schließlich hielt Herr Weiser nur noch ein Heft in der Hand und stellte sich neben meine Bank. Er schaute mir in die Augen und klopfte dabei mit dem Zeigefinger auf mein Heft: »Das war nicht Ihr erstes Gedicht«, sagte er. »Ich will alle Ihre Gedichte sehen!« Das war ein Befehl. Ich habe ihn befolgt.

»Der Weiser hat ja dann deine Gedichte und Kurzgeschichten im Prager Tagblatt veröffentlicht«, sagt Emmy und nippt an ihrem Tee.

»Weißt du, was aus ihm geworden ist?« frage ich Emmy.

»Nein, ich weiß von niemandem, nur von der Naumann und jetzt von dir.« Sie legt ihre Hand auf meine Hand.

»Dein Arm ist so nackt«, sagt sie. »Die Uhr mußtest du ihnen ja nicht abliefern. Das war dumm von dir.«

Sie steht auf, geht hinüber zum Schrank und greift in eine Schublade. Sie kommt mit einer Armbanduhr zurück, zieht sie auf, legt sie auf meinen Arm. »Du kannst nicht so nackt herumlaufen«, sagt sie und will das Band um meinen Arm schlingen. Ich springe auf.

»Nein, das nicht, nein. Du willst mir doch nicht einreden, daß dir die Uhr auch zu eng ist und daß du sie auf den Müll werfen willst.«

»Ich habe drei Uhren!« ruft sie aus. »Was mache ich mit drei Uhren? Ich kann sie doch nicht alle auf meinem Arm tragen, und du hast keine.«

»Ich brauche keine«, sage ich. »Die Zeit vergeht auch so, Gott sei Dank.«

»Du wirst jetzt die Uhr nehmen, oder . . .«

»Oder du schmeißt sie auf den Müll.«

»Nein, nicht auf den Müll, aber hier zum Fenster hinaus.«

»So tu es doch«, lache ich.

Sie schwingt ihren Arm zum Fenster hin und zeigt mir ihre leere Hand.

»Wo hast du sie versteckt?« frage ich.

»Versteckt? Ich habe die Uhr aus dem Fenster hinausgeworfen. Sie liegt draußen am Trottoir.«

Ich laufe zu dem geöffneten Fenster, beuge mich hinaus. Da unten auf dem Pflasterstein glänzt etwas. Ich stürze zur Eingangstür, rase die Treppe hinunter, und da, ganz dicht am Bordstein, liegt sie, die Uhr. Links und rechts vom goldenen Zifferblatt das Armband aus schwarzem Leder. Ich bücke mich schnell, halte sie ans Ohr. Sie tickt, als sei nichts geschehen. Ich springe jeweils zwei Stufen hinauf, halte der Emmy die Uhr ans Ohr.

»Hör nur, sie geht, sie hat es überlebt!«

»Einen zweiten Prager Fenstersturz wird sie vielleicht nicht überleben«, sagt Emmy. »Du mußt dich ihrer annehmen.«

Ich nehme mich ihrer an. Diese zierliche Uhr hat es nicht verdient, ein zweites Mal aus dem Fenster geworfen zu werden.

Peter

Ich muß diese Stadt und dieses Land nicht verlassen. Die Behörden weisen meine Mutter und mich nicht aus. Ich muß diese Stadt und dieses Land verlassen. Die Behörden weisen meiner Mutter und mir keine Wohnung zu. In dem Zuhause, in dem ich geboren und aufgewachsen bin, habe ich kein Zuhause mehr.

Um diesen Schwebezustand zu beenden, brauche ich eine Ausreisegenehmigung und eine Einreisegenehmigung. Die eine kostet sehr viel Zeit, die andere sehr viel Geld, wie man mir von allen Seiten versichert. Ich habe weder das eine noch das andere. Meine Lage zu ändern ist eine unmögliche Möglichkeit.

Die Einreisegenehmigung nach Deutschland erteilen die Botschaften der vier Besatzungsmächte. Ich müßte die amerikanische, russische, französische oder englische Botschaft aufsuchen und einen Nachweis mitbringen, daß mich ein in der betreffenden Zone ansässiger Deutscher in seinen Haushalt aufnimmt.

Wer in Deutschland würde mich aufnehmen? Wer? Niemand! Oder doch? Ach, es ist verrückt, was ich jetzt denke. Ich habe während des Krieges in Prag einen Piloten der deutschen Luftwaffe kennengelernt: Peter. Aber seine Adresse habe ich nicht. Ich weiß nur, daß seine Heimatstadt Köln ist.

An einem sonnigen Septembernachmittag sah ich Peter im Schrebergarten unserer Prager Freunde zum ersten Mal. Ich saß allein im Liegestuhl und ließ mich bräunen, als das Gartenpförtchen quietschte und ein junger Mann auf mich zukam. Groß, schlank, in Sporthose und kurzärmeligem Hemd. Er stellte sich mit einer kurzen Verbeugung vor.

»Störe ich Sie, wenn ich mir auch einen Liegestuhl hole?« fragte er. Er holte den Liegestuhl, ohne meine Antwort abzuwarten, und saß auch schon neben mir. »Die Familie Porsche, der dieser Schrebergarten gehört, ist mit meinen Eltern befreundet«, erklärte er mir seinen Überfall.

»Mit meinen Eltern auch«, erklärte ich ihm mein Sonnenbad in diesem Garten.

Daß man sich mit einem fremden Menschen so viel zu erzählen weiß, daß dieser Nachmittag so schnell verging! Seltsam. Erschrocken schaute ich auf meine Uhr und sprang auf:

»Ich muß noch meine Mathe-Aufgaben machen, ich muß jetzt gehen«, sagte ich. Auch er stand auf.

»Darf ich Sie jetzt nach Hause begleiten, darf ich Sie morgen von der Schule abholen?«

Er ging mit mir durch den Baumgarten, die Messestraße hinunter, bis zu unserem Haus in der Hermanngasse. Am nächsten Tag stand er schon vor dem Schultor, als wir mittags auf die Straße strömten.

»Das ist er«, sagte ich zu Emmy, der ich schon von ihm erzählt hatte.

»Gut sieht er aus!« Emmys Stimme klang anerkennend, und ich war zufrieden.

Am Nachmittag spielte ich Fremdenführer. Auch an den darauffolgenden Tagen. Ich zeigte Peter die Schönheit meiner Stadt. Nicht nur den Hradschin und den Altstädter Ring. Nicht nur die üblichen Attraktionen für die Touristen. Wir gingen durch die schmalen Gäßchen der Kleinseite, spazierten am Moldau-Ufer zum Café Slavia, tranken im Gartenrestaurant des Riegerparks Budweiser Bier und tanzten Polka auf einem erhöhten Podium inmitten fröhlicher Paare nach den Klängen eines Blasorchesters. Diese Fröhlichkeit hatte bald ein Ende.

»Mir bleiben nur noch zwei Tage«, sagte Peter, als wir mit der Straßenbahn nach Hause fuhren. »Nur noch zwei Tage«, wiederholte er.

Am nächsten Nachmittag saßen wir wieder in Porsches Garten, Liegestuhl an Liegestuhl.

»Hier habe ich dich zum ersten Mal gesehen. Vor wenigen

Tagen. Und doch kommt es mir vor, als hätte ich dich schon immer gekannt.« Peter legte seine Hand auf meine.

»Aber ich kenne einen Teil deines Lebens noch nicht. Deine Gegenwart«, sagte ich, »du sprichst nicht davon. Du hast mir noch nie von deiner Fliegerei erzählt.«

»Von den Flugeinsätzen ist nicht viel Schönes zu berichten.« Peter fuhr mit der Hand durch die Luft, als wollte er dort etwas wegwischen.

»Ich möchte auch die Seite deines Lebens kennenlernen, die weniger schön ist.« Ich sagte es und legte diesmal meine Hand auf die seine.

»Weißt du, es ist schon ein eigenartiges Gefühl, wenn man in 8000 Meter Höhe aus seinem Flugzeug steigt und sieht die Erde unter sich rotieren«, sagte Peter.

Ich setzte mich ruckartig auf.

»Du bist ausgestiegen? In 8000 Meter Höhe bist du ausgestiegen?«

»Ja, bin ich«, sagte er und zog mich in den Liegestuhl zurück.

»Aber warum?« fragte ich. »Warum?«

Peter schloß die Augen und begann zu erzählen.

»Unsere Jagdmaschinen flogen in großer Höhe auf die Mittelmeerküste zu. Unter uns ein Transportgeschwader, von Afrika kommend. Wir sollten mit der Me 109 den Verband schützen. Plötzlich kam es aus meinem Kopfhörer: Feindliche Indianer von rechts. Indianer ist der Codename für Jäger.«

»Was denkt man in so einem Augenblick?« fragte ich dazwischen.

»Zuerst flattert das Herz, die Hände am Steuerknüppel zittern, aber wenn dann die feindlichen Maschinen da sind, wenn man in das Mündungsfeuer hineinschaut, wird man zum Roboter. Man drückt auf alle Knöpfe, welche die Maschinengewehre und die MK-108-Kanone auslösen. Ich war ein Roboter, der eine Spitfire abschoß. Ich war ein Roboter, der von einer Spitfire abgeschossen wurde.«

Peter sprach mit geschlossenen Augen. Vor ihm läuft ein

Film ab, dachte ich, ein Film, den er durchlebt und durchlitten hat.

»Ich sah die Flammen zu beiden Seiten meiner Maschine aufsteigen. Ich muß hier heraus, war mein einziger Gedanke, nichts wie heraus. Ich schnallte die Gurte ab, zog den Hebel zum Öffnen der Kabinenhaube. Sie flog über meinem Kopf davon. Das Flugzeug begann zu trudeln und drückte mich in den Sitz. Die Flammen schlugen in die offene Kabine. Ich hielt meine linke Hand vors Gesicht, mit der rechten gab ich dem Steuerknüppel einen Stoß nach vorn, stemmte mich mit beiden Füßen vom Boden ab. Die Maschine hörte für einen kurzen Augenblick auf zu trudeln. Ich wurde vom Fahrtwind erfaßt und nach hinten aus der Kabine geschleudert, dicht am Seitenruder vorbei. Ich bin außer Gefahr, dachte ich, außer Gefahr! Unter mir drehte sich die Erde: Küste – Meer, Küste – Meer.«

»Woher hast du den Mut genommen, aus 8000 Metern herauszuspringen, in das Nichts?« fragte ich nach einer Weile des Schweigens.

»Mut?« fragte er zurück. »Das ist kein Mut. Das ist Selbsterhaltungstrieb. Purer Selbsterhaltungstrieb. In ca. 500 Meter Höhe zog ich die Reißleine des Fallschirms. Das Meer kam immer näher. Der Wind trieb mich von der Küste ab, hinaus auf die offene See. Da klatschte ich in das Wasser, der Schirm begrub mich unter sich. Ich drückte den Knopf, der mich von ihm befreite, und tauchte unter dem Stoff hervor.

Ach, die Küste ist ja gar nicht so weit, dachte ich. Es war ein Trugschluß. Ich schwamm und schwamm in meiner Kapokweste auf die Küste zu, aber sie kam nicht näher. Ich winkte jedem Schiff zu, das an mir vorbeifuhr. Keines sah mich. Wie lange werde ich das aushalten? Wie lange noch? Ob ich den Fischen schmecken werde?

Ich dachte an den Piloten der Spitfire-Maschine, die ich abgeschossen hatte. Ob er jetzt auch im Mittelmeer herumschwimmt? Vielleicht irgendwo in meiner Nähe? Oder ob er schon tot ist? Ich habe es nie erfahren.«

Die Stimme neben mir im Liegestuhl verstummte. Ich wartete schweigend. Peter hielt die Augen immer noch geschlossen, als er weitersprach.

»Dann tuckerte ein Fischkutter gemächlich in meine Richtung. Erst als er ganz nah an mich herankam, bemerkten die Fischer mein Winken. Sie warfen mir ein Tau herunter. Ich klammerte mich mit beiden Händen an. Sie zogen mich hoch. Dekoriert mit Muscheln und Tang, die mein Körper von der Bordwand abgeschabt hatte, fiel ich auf den Boden des Kutters, neben bereitliegende Netze. Die Fischer richteten mich auf und hielten mir eine Cognacflasche an die Lippen. ›A votre santé, monsieur‹, sagten sie und lachten.«

Peter schwieg. Ich schwieg auch. Nach einer Weile sagte er: »Die Franzosen haben mir das Leben gerettet.«

Nach einer weiteren Weile des Schweigens sagte Peter: »Morgen ist mein letzter Tag, unser letzter Tag.« Sein vierzehntägiger Heimaturlaub ging zu Ende. Er hatte hier seine Eltern besucht. Sein Vater war als Polizeirat der Ordnungspolizei nach Prag versetzt worden. Die Wohnung in Köln hatten seine Eltern vor einem Jahr aufgegeben.

»Morgen ist unser letzter Tag«, wiederholte Peter. »Ich möchte noch einmal das bezaubernde Panorama mit der Moldau und dem Hradschin sehen.«

Wir gingen zum Moldauufer. Als wir zwischen den beiden Brückentürmen der Karlsbrücke standen, sagte er: »Ich wünsche mir, daß diese Stadt meine Heimat wird, und dort drüben, siehst du, dort drüben in der Kirche werden wir heiraten.« Er zeigte in die Richtung der Statue Karls IV. Dort standen aber zwei Kirchen.

»Meinst du die Kreuzherrenkirche oder die Salvatorkirche?« fragte ich.

»Das ist mir ganz gleich«, lachte er. »Aber dort drüben werden wir heiraten.«

Wir haben dort nicht geheiratet. Am nächsten Tag fuhr er in Richtung Mittelmeer, und von dort kamen dann Briefe.

Fast täglich einer. Peter verstand es, Briefe zu schreiben. Ich freute mich, freute mich täglich. Aber dann kam ein etwas ungewöhnlicher Brief. Da stand: »Falls ich nie mehr nach Prag zurückkommen sollte, dann schreibe mir bitte an meine Freunde in München. Schreibe an die Familie Xaver Hartmann. Sie werden unsere Post vermitteln. Und – lerne die Anschrift auswendig.«

Was hatte das alles zu bedeuten? Warum sollte ich die Adresse auswendig lernen? Und wenn er schon nie mehr nach Prag kommen würde, warum wollte er mir nicht weiterhin nach Prag schreiben?

Ich verstand das alles nicht, und auf die Frage in meinen Briefen bekam ich keine Antwort mehr.

Ahnte er, daß ich einmal so hilflos hier sitzen würde? Ahnte er die bevorstehende Katastrophe? Ich fand es damals lächerlich, die Adresse auswendig zu lernen, und tat es doch. Ich gab sie sogar an meinen Vater nach Frankreich weiter und lernte noch drei weitere Adressen auswendig.

Und jetzt sitze ich hier und schreibe nach München an einen mir unbekannten Herrn Xaver Hartmann. In den Briefumschlag packe ich eine große Portion Hoffnung. Vielleicht kommt Hilfe. Vielleicht.

Innenministerium

Diese langen Stunden und Tage, dieses Pendeln zwischen Zuversicht und Resignation. Allabendlich die Frage nach Post. Allabendlich die Enttäuschung. Kein Brief, keine Karte.

Ich muß etwas tun, muß dieses Warten überbrücken. Es ist ohnehin erforderlich, für den Antrag auf Einreise bei den Botschaften die Bewilligung der tschechoslowakischen Behörden auf Ausreise vorzulegen. Also muß das zuerst erledigt werden. Dafür braucht man sehr, sehr viel Zeit, hat man mir gesagt. Davon will ich mich überzeugen.

In der nächsten Mittagspause zwischen 12 und 14 Uhr gehe ich von Maršík nicht in den Stehimbiß Lucerna am Wenzelsplatz, sondern direkt zum Innenministerium. Ich biege um die Straßenecke, sehe das langgestreckte acht-stöckige Gebäude, sehe auf dem Bürgersteig davor eine Menschenschlange noch länger als das Gebäude. Männer und Frauen, junge und alte Menschen stehen hier dicht gedrängt und warten, bis sie da vorn an dem großen Tor eingelassen werden. Manche sitzen. Sie haben sich Klapp-stühle mitgebracht. Eine der Frauen auf einem Hocker sagt mir: »Ich bin schon zum sechsten Mal hier. Immer vergeblich. Diesmal habe ich mich schon gestern abend hier angestellt. Vielleicht gelingt es mir, heute dranzu-kommen. Ich bin ja schon ziemlich nahe am Tor.«

Schon gestern angestellt? Und die ganze Nacht gewartet, bis heute mittag? Das könnte ich nicht, ich muß ja arbei-ten.

In der nächsten Mittagspause stehe ich wieder hier. Ich habe vorsichtshalber meine Entlassungsbescheinigung aus der Internierung eingesteckt und die letzte Meldebe-scheinigung meiner Mutter vom Wohnsitz des Generals. Diese muß man vorlegen, bevor man eine Ausreisebewil-ligung bekommt, habe ich erfahren. Aber es war völlig sinnlos, diese Unterlagen einzustecken. Die Menschenschlange vor dem Innenministerium scheint mir noch länger zu sein als gestern.

Und doch stehe ich am nächsten Mittag schon wieder hier. Und wieder das gleiche Bild. Ich gehe bis zu dem großen Tor, gehe die Menschenschlange entlang wieder zurück, biege um die Ecke und noch einmal um die Ecke. Jetzt stehe ich in einer anderen Straße an der Rückseite des Gebäudes. Dort sehe ich drei Türen. Soll ich es versuchen? Zaghaft gehe ich zu der ersten, drücke die Klinke herunter. Die Tür läßt sich nicht öffnen. Ich gehe zur nächsten. Auch sie bleibt geschlossen. Aller guten Dinge . . . Ich versuche es bei der dritten Tür, drücke die Klinke herunter, und sie geht mit leisem Quietschen nach innen auf.

Ich schiebe mich durch den Spalt und schließe vorsichtig die Tür hinter mir. Ein langer Gang zieht sich vor mir nach links, und mir gegenüber führt eine Treppe nach oben. Vor dort kommt Stimmengewirr. Ich schleiche hinauf, Stufe um Stufe.

Als ich oben ankomme, sehe ich den gleichen Gang wie im Erdgeschoß nach links verlaufen. Am Ende des Ganges steht wieder eine Menschenschlange vor einer Tür. Das scheinen die Leute zu sein, die nächtelang auf der Straße gewartet haben und jetzt endlich an der Reihe sind.

Was soll ich tun? Ich kann doch nicht da drüben hingehen und den Wartenden sagen, daß ich keine Zeit habe, man möge mich bitte vorlassen.

Ich sehe mich um und entdecke ganz in der Nähe des Treppenhauses noch eine Tür auf der gleichen Seite des Ganges wie die Tür vor den Wartenden. Heute ist der Tag der offenen Türen, denke ich und öffne sie.

Vor mir liegt ein großer Saal mit drei Schreibtischreihen. Vor jedem Schreibtisch sitzt jemand. Ein Beamter vermutlich. Neben jedem Schreibtisch steht jemand. Ein Antragsteller vermutlich. Ich stehe ratlos an der Tür. Da winkt mich ein Beamter von einem Schreibtisch zu sich heran. Ich stelle mich neben den Schreibtisch.

»Tak co si přejete?« Was wünschen Sie? fragt er mich auf tschechisch. Ich antworte ihm auf tschechisch, daß ich für mich und meine Mutter die Ausreisebewilligung beantragen möchte.

Er sieht mich erstaunt an. Ich lege meinen Entlassungsschein aus der Internierung und die Aufenthaltsgenehmigung meiner Mutter vor ihn auf den Schreibtisch. Er sieht sich beides an.

»Sie sind doch in Prag geboren«, sagt er dann, »und Sie sprechen perfekt tschechisch. Warum wollen Sie denn überhaupt auswandern?«

»Wir haben keine Wohnung mehr«, sage ich.

»Aber das müßte sich doch ändern lassen«, meint er.

»Wir haben auch keine Möbel und kein Geld, und mir fehlt die Kraft und der Mut für einen neuen Anfang.«

»Glauben Sie denn, daß Sie für einen Anfang in Deutschland weniger Kraft brauchen werden? Dort herrscht Chaos und Hungersnot.«

Ich hebe ratlos die Schultern.

Er schaut noch einmal auf meine Unterlagen und sagt: »Na gut. Ich werde Ihnen die Ausreisegenehmigung so ausstellen, daß Sie jederzeit wieder in die Tschechoslowakei zurückkommen können.«

Er füllt zwei Formulare aus. Eins für meine Mutter, das andere für mich. Er setzt unter beide einen Stempel und hält sie mir hin.

»Viel Glück«, sagt er, und ich sage leise: »Danke.«

Als ich durch die Seitentür wieder auf die Straße trete, sehe ich schon von weitem die Leute auf ihren Klappstühlen sitzen. Ich gehe bis zur Ecke. Die Menschenschlange zieht sich bis zu dem großen Tor an der anderen Straßenecke.

Das, was ich eben erlebte, wird mir niemand glauben, denke ich. Ich glaube es fast selber nicht, öffne meine Tasche, aber da sind sie ja, die beiden Ausreisegenehmigungen, schwarz auf weiß und darunter jeweils ein runder Stempel.

Finale

»Ich habe eine Überraschung für dich!« rufe ich zu meiner Mutter in die Küche hinein. Klein und schmal steht sie vor der Spüle. Ihre braunen Augen schauen von den Töpfen und Tellern hoch.

»Eine gute?«, fragt sie.

»Mehr als eine gute«, sage ich. »Beeil dich, ich werde dir oben alles erzählen.«

»Und ich habe eine Überraschung für dich«, sagt meine Mutter und wischt mit dem Geschirrtuch über einen Teller. »Beeil dich. Sie liegt auf deinem Kopfkissen.«

Ich laufe die Treppen hoch, und da, auf meinem Kissen, liegt ein großes braunes Kuvert, ein Brief aus München. Absender Xaver Hartmann. Ich ziehe den Mantel nicht aus, will den Briefumschlag aufreißen. Aber nein, diesen Brief muß ich vorsichtig öffnen. Ganz vorsichtig. Er darf nicht beschädigt werden.

Ich hole einen Löffel aus meinem Nachtschränkchen, schiebe den Stiel vorsichtig in die Öffnung am Umschlagfalz und ziehe eins, zwei, drei, vier, fünf, sechs, sieben, acht, neun weiße Briefe in Größe DIN A6 heraus.

Neun Briefe! Alle aus Köln. Alle von Peter. Der erste ist vor zehn Monaten datiert, der letzte vor vierzehn Tagen. Jeden Monat ein Brief. Jeden Monat die gleiche Frage:

»Wo bist Du? Ich schreibe Dir ins Nirgendwo. Ich weiß nicht, ob Dich meine Worte jemals erreichen werden, ob jemals eine Antwort von Dir kommen wird, ob Du jemals zu mir kommen wirst. Aber ich schreibe und schreibe.«

Das tat er auch. Neun Monate hindurch. Meinen Brief, den ich nach München geschickt hatte, wird er noch nicht bekommen haben. Herr Hartmann hatte unsere Post wohl gleichzeitig weitergeleitet.

Als meine Mutter ins Zimmer kommt, sitze ich immer

noch im Mantel auf dem Bett und lese die Briefe. Ich kenne sie schon auswendig.

»Sieh nur, wir werden nach Köln fahren«, sage ich und halte ihr die Briefe hin. Ich öffne meine Tasche und reiche ihr auch die Ausreisebewilligungen.

»Sieh nur, da und da und da!«

Ich erzähle meiner Mutter mein Erlebnis im Innenministerium. Ich schmiede Pläne.

Morgen in der Mittagspause will ich zur englischen Botschaft gehen. Die Einreiseerlaubnis kostet Geld, sehr viel Geld, hat man mir gesagt. Ich habe keins, und es wäre unverschämt zu glauben, daß für mich ein zweites Wunder geschieht. Aber ich muß es versuchen. Eine andere Möglichkeit gibt es nicht.

Vor der englischen Botschaft steht keine Menschenschlange. Ich sitze im Vorzimmer des Sekretariats. Allein. Die übrigen Stühle um den viereckigen Tisch sind leer. Hinter der Tür an der gegenüberliegenden Wand klappert eine Schreibmaschine. Ich höre Stimmen, kann aber nichts verstehen. Jetzt werden die Stimmen lauter. Man scheint sich zu verabschieden. Die Tür öffnet sich, und ein vornehmer Herr im Trenchcoat geht an mir vorüber zur Ausgangstür.

Ich werde in das Sekretariat gerufen. Hinter einem großen Schreibtisch sitzt eine Frau mit kurzgeschnittenem blonden Haar. Sie zeigt auf einen Stuhl vor dem Schreibtisch. Ich setze mich und trage ihr meine Bitte um eine Einreiseerlaubnis vor. Ob ich denn alle erforderlichen Unterlagen hätte, fragt sie mich. Ich lege die Briefe von Peter und die beiden Ausreisegenehmigungen des Innenministeriums auf den Schreibtisch. Die Frau prüft die Unterlagen und holt ein Blatt zu sich herüber, das neben ihr vor einem Stapel von Formularen liegt.

»Sie scheinen Glück zu haben«, sagt sie. »Wir stellen ein Permit für jeweils zehn Personen aus, und auf dem Permit von Dr. Urban – er ist gerade an Ihnen vorbei durch den Warteraum gegangen – also auf dem Permit von Dr. Urban sind noch zwei Plätze frei. Aber ich muß das alles noch prüfen. Hier gebe ich Ihnen die Telefonnummer und die Adresse von Dr. Urban. Sie können sich mit ihm in Verbindung setzen. Kommen Sie nächste Woche wieder. Vielleicht kann ich Ihnen dann schon mehr sagen.«

Ich will aber heute schon mehr wissen und rufe Dr. Urban gleich von Maršík aus an. Er ist am Apparat. Ich sage ihm, daß ich ihn im Wartezimmer in der englischen Botschaft gesehen habe. Ich schildere meine Lage. Er verspricht, sich für mich einzusetzen. Aber ich sollte noch etwas warten, er habe hier noch einiges zu regeln.

Inzwischen erfahre ich, daß er der bekannte Dr. Urban ist, der in Prag eine private Geburtenklinik hatte.

Zwei Tage später ruft mich Dr. Urban bei Maršík an. »Sie können Ihr Permit bei der englischen Botschaft abholen«, sagt er. »Das Finanzielle ist erledigt. Ich werde mich um einen Lastwagen kümmern, der uns alle nach Furth im Walde bringen wird.«

Hatte man mir nicht gesagt, daß so ein Permit sehr, sehr viel Geld kostet? Und jetzt ist alles Finanzielle schon erledigt? Ich habe doch keine einzige Krone gezahlt! Später erfuhr ich, daß Dr. Urban, der mit seinen Verwandten und Freunden ausreisen wollte, noch zwei Mitfahrende für sein Permit brauchte. Als er mich im Vorzimmer der englischen Botschaft sah und nachdem ich mit ihm telefoniert hatte, war er damit einverstanden, daß meine Mutter und ich mitfuhren.

Es dauert noch drei Wochen. Dann ist es soweit. Wir steigen mit Dr. Urban, seiner Frau, seiner Schwester und Nichte und zwei mit ihm befreundeten Ehepaaren in den Laderaum eines Lastwagens. An der linken Wand lehnen zwei Matratzen. Sie gehören Dr. Urban. Zu den herumstehenden Koffern und Taschen stellen wir noch unsere beiden Koffer dazu.

Es ist ein Abend Ende November. Die Straßenlaternen beleuchten unseren Abschied. Der Fahrer läßt den Motor an. Wir setzen uns auf unsere Koffer. Langsam beginnt der

Wagen zu rollen. Rollt durch die Straßen, nimmt Geschwindigkeit auf. Die Lichter Prags, die Lichter meiner Stadt, entfernen sich immer weiter, immer weiter. Ich beginne zu heulen.

Um uns herum wird es Nacht.

Furth im Walde

Diese Furt im Bayerischen Wald müssen wir überqueren, um an das andere Ufer zu kommen. Wie dieses Ufer aussehen wird, wissen wir nicht. Niemand von uns in der Baracke 4 weiß es. Wir sitzen zu zwölft an dem viereckigen Tisch in der Mitte des Raumes. Jeder hat einen Teller Kartoffelsuppe und zwei Schnitten Brot vor sich.
In der Ecke neben der Tür knistert das Feuer im Ofen. Dr. Urban hat das Holz besorgt und kleingehackt.
»Haben Sie Ihr Telegramm nach Köln abgeschickt?« fragt er mich über den Tisch.
»Ja«, sage ich. »Heute morgen. Aber ich habe noch keine Antwort.«
»Na, so schnell geht es nicht. Das wäre zuviel verlangt.« Er löffelt seinen Teller leer.
Gespült wird im Waschraum, drüben rechts in der länglichen Baracke. Als ich den Teller unter dem Wasserhahn umdrehe, bemerke ich auf seiner Rückseite das Signum des tausendjährigen Reiches. Das wird wohl hier früher ein Arbeitsdienstlager gewesen sein, denke ich. Jetzt ist es ein Übergangslager für Flüchtlinge.
Die Holzbaracken stehen im Viereck um einen großen Hofraum. An der rechten Längsseite sind das Büro, der Küchentrakt und die Waschräume. Die Baracke 4, wo wir untergebracht sind, besteht aus zwei großen Räumen mit jeweils drei Etagenbetten an den Wänden. Meine Mutter schläft im Parterre, ich im ersten Stock.
Wie viele Nächte werden wir hier verbringen müssen? Aber vielleicht liegt die Antwort schon im Büro. Ich gehe hinüber und frage. Nein, kein Telegramm aus Köln. »Ich bin in Baracke 4 untergebracht«, sage ich.
»Gut, wenn etwas kommen sollte, dann bringe ich es Ihnen«, sagt die junge Frau hinter dem Schreibtisch und notiert sich meinen Namen. Sie hält Wort.

Der Bahnhof in Furth im Walde ist zugig wie alle Bahnhöfe. Ich habe den Mantelkragen hochgestellt, die Hände in den Taschen vergraben. Meine Rechte schließt sich fest um die Botschaft aus Köln. »Ankomme 15.28 Uhr.«
Am erhöhten Bahnsteig, entlang den Gleisen, gehe ich hin und her, hin und her. Bald ist es soweit, denke ich. Aber dieses Bald läßt auf sich warten. Der Zug hat fast eine Stunde Verspätung. Aber dann, endlich! Schon von weitem höre und sehe ich ihn. Er kommt näher und näher, rollt vor das Bahnhofsgebäude, Bremsen quietschen. Der Zug steht. Unter den Rädern der Lokomotive quillt Dampf heraus. Wie der Atem eines Läufers nach einer anstrengenden Tour.
Ich schaue in die fast leeren Waggons, unschlüssig, ob ich nach links oder rechts gehen soll. Noch bevor ich mich entscheide, öffnet sich die Tür des Waggons direkt vor mir. Peter steigt die Stufen herunter, größer und schlanker, als ich ihn in Erinnerung habe.
Wir liegen einander in den Armen und sagen nichts. Wir gehen zum Ausgang des Bahnhofs, Hand in Hand, und schweigen.
Am Abend in der Gaststube des Hotels, wo Peter heute übernachten wird, bestellt er uns ein Glas Limonade und fragt: »Weißt du, wie glücklich ich bin? Ich werde für dich sorgen, ein Leben lang.«
Er beginnt schon jetzt für mich und meine Mutter zu sorgen. Für uns drei hat er Blutwurst mit Kartoffeln und Kraut bestellt. Der Kellner trennt ihm einen ganzen Streifen Lebensmittelmarken ab.
»Habt ihr Süßstoff?« fragt Peter und schneidet ein Stück Wurst ab.
»Süßstoff?« frage ich zurück. »Ja, wir haben fünf Päckchen. Man hat uns in Prag gesagt, wir sollten auf jeden Fall Süßstoff mitnehmen.«
»Das ist gut.« Peter nickt mit dem Kopf. »Vielleicht läßt sich da etwas machen.«
Und es läßt sich etwas machen. Peter tauscht bei einem

Bauern am nächsten Tag drei Päckchen Süßstoff gegen fünf Säcke Kartoffeln je 50 kg.

»In Köln würde mir das nicht gelingen«, sagt er. »Dort stehen die Kartoffeln viel höher im Kurs.«

Der Bauer hat ihm die Säcke in den Hof des Hotels gestellt.

»Und wie bringen wir die Kartoffeln nach Köln?« frage ich.

»Wir können hier am Bahnhof einen Güterwagen mieten«, sagt Peter. »Aber dann müssen wir mitfahren, damit die Kartoffeln unterwegs nicht verschwinden. Die Kosten decken sich etwa mit denen von drei Fahrkarten nach Köln.«

»Dasselbe Problem hat Dr. Urban«, erinnere ich mich. »Er hat schon einen Güterwagen für seine Matratzen bestellt und hat Angst, daß sie nicht in Düsseldorf ankommen.«

Zwei Tage später verlassen wir Furth im Walde im Güterwaggon. Die Furt ist überquert.

Hochzeitsreise vor der Hochzeit

»Ob du heute Nacht gut schlafen wirst?« fragte Peter und schob die beiden Matratzen nebeneinander an die Stirnwand des Waggons. Meine Mutter und ich breiteten sechs Wolldecken darüber. Es waren Decken von Dr. Urban. Ein schwerer Holzkoffer, der ihm auch gehörte, stand in der Ecke. Unsere Koffer und eine Tasche haben wir davorgestellt, die Kartoffelsäcke in die andere Ecke. Das große Tuch an der gegenüberliegenden Stirnwand war schon im Waggon, bevor wir einstiegen. Wir entrollten es. Ein rotes Kreuz kam zum Vorschein. Wir reisten im Schutz einer Roten-Kreuz-Fahne. Daß dieser Schutz von Tag zu Tag schrumpfen sollte und wir die Fahne, in kleine Vierecke geteilt, auf unserem Weg nach Köln als Spuren verteilen würden, wußten wir bei unserer Abfahrt von Furth im Walde noch nicht.

Dämmerung füllte unseren langgestreckten Quader, der ratternd auf und ab holperte, hin und her schwankte. Der Tag schaute durch zwei schmale Schlitze herein, deren Klappen in Augenhöhe an der Längsseite, links und rechts neben der Tür, geöffnet waren. Daran erkannten wir, daß wir uns in einem Viehwaggon befanden.

Ich saß mit Peter auf dem Holzkoffer. Meine Mutter hatte sich auf die Matratze hingestreckt und die Decken über sich gezogen. So verging Stunde um Stunde. Die Schlitze an der Waggonwand wurden dunkler und dunkler. Die Nacht brach herein.

Peter sagte in das Rattern des Zuges: »Mit Proviant haben wir uns ja eingedeckt. Drei Brote, eine Stange Dauerwurst und sechs Flaschen Sprudel. Das dürfte bis Köln genügen. Aber was machen wir mit dem gewissen Prozentsatz, der von diesem Proviant wieder aus uns heraus muß?«

Daran hatte niemand von uns gedacht. Aber bei uns allen dreien meldete sich sofort dieser Prozentsatz, als Peter von ihm sprach. Der Zug nahm keine Notiz davon. Er ratterte weiter. Doch auch, wenn er stehengeblieben wäre, hätte uns das nicht geholfen. Wir durften uns von dem Waggon nicht entfernen, hatte uns der Zugführer in Furth im Walde eingeschärft.

»Sie können nie wissen, wann der Zug weiterfährt oder wohin Ihr Waggon rangiert wird«, hatte er gesagt. Doch der Zug hielt ohnehin nicht an, und wir fuhren mit unserem Problem weiter.

Doch dann, irgendwann, verlangsamte sich die Fahrt. Der Waggon begann zu rucken. Vorwärts, rückwärts, immer wieder, und blieb schließlich stehen.

Peter schob die Waggontür zur Seite. »Amberg, wir sind in Amberg«, sagte er.

Der Zug blieb eine Weile stehen. Dann begann das Rangieren. Die Lokomotive holte die einzelnen Waggons und schob sie über einen Ablaufberg in die dahinter strahlenförmig abgehenden Sammelgleise. Waggon um Waggon wurde vor uns geholt, bis schließlich wir an die Reihe kamen. Wir rollten vom Anstoß der fauchenden Lok über den Ablaufberg. Unten legte ein Rangiermeister zwei Bremsschuhe auf die Schienen unseres Abstellgleises.

»Das bremst den Aufprall«, sagte er zu Peter, der das Manöver beobachtete.

Es quietschte und rutschte, und plötzlich stießen wir gegen die Puffer der dort bereits einrangierten Waggons.

»Hier werden wir wohl einige Zeit warten müssen, bis es weitergeht«, sagte Peter. »Diese Gelegenheit muß ich nutzen.« Er sprang aus dem Waggon.

»Du darfst dich doch nicht entfernen!« rief ich ihm nach.

»Ich komme gleich wieder!« rief er zurück.

Ich sah, wie er sich zwischen den spärlich beleuchteten Gleisen immer wieder bückte. Hoffentlich kommt jetzt keine Lokomotive, hoffentlich fahren wir nicht weiter ohne Peter, dachte ich.

Es kam keine Lokomotive. Als Peter endlich zurückkehrte, hielt er mir eine große leere Konservendose entgegen.

»Glaubst du, daß sie genügt?« fragte er.

Ja, sie genügte. Jedenfalls für die flüssigen Ausscheidungen von unserem Proviant. Wir stellten unser Klosett in die Ecke am anderen Kopfende des Waggons. Es konnte nach draußen entleert werden, auch während der Fahrt. Das war kein Problem.

Ein Problem allerdings blieben die Rückstände von fester Konsistenz. Das lösten wir am nächsten Morgen, als unser Waggon, eingereiht in einen anderen Zug, weiterfuhr.

Wieder war es Peter, der auf die Idee kam. Er schnitt mit seinem Taschenmesser ein Viereck aus der Roten-Kreuz-Fahne, das man dann füllen und während der Fahrt aus dem Waggon hinauswerfen konnte. Die Vierecke waren nicht groß. Wir mußten sparsam mit der Fahne umgehen. Und dieser Umgang erforderte auch eine gewisse Geschicklichkeit. Wir wurden von Tag zu Tag geübter.

Die Nächte verbrachten wir auf den Matratzen. Rechts lag meine Mutter, links Peter, ich in der Mitte. Wir zogen die Decken bis zum Kinn. Es war kalt, aber ich schlief so gut wie selten zuvor und selten danach in meinem Leben. Das Hinundherschwanken war das Schaukeln einer Wiege. Das eintönige Rattern war ein Wiegenlied.

Wenn wir morgens erwachten, lag Rauhreif auf den Decken vor unserem Mund.

Tagsüber hielten wir jetzt die Schiebetür geöffnet. Im Waggon war es hell, und wir konnten die Landschaft an uns vorbeigleiten sehen. Diese Öffnung war auch ein Tor, durch das die Außenwelt zu uns kommen konnte.

Diese Außenwelt kam in Gestalt eines amerikanischen Soldaten zu uns. Als der Zug hinter München auf freier Strecke hielt, schwang er sich plötzlich mit einem »Hallo!« in unseren Waggon. Ich erschrak. Was sollte das?

»Was macht ihr hier?« fragte er in Deutsch mit amerikanischem Akzent.

»Wir fahren nach Cologne«, sagte ich.

»O ja: Cologne. 4711«, lachte er. Er zog eine Zigarettenschachtel aus seiner Hosentasche und hielt sie Peter und mir hin. Wir schüttelten den Kopf und bedankten uns. Der Zug setzte sich langsam in Bewegung. Der Soldat blieb am Boden des Waggons sitzen und ließ seine Beine nach außen über die Gleise baumeln.

»Ich komme aus Philadelphia«, sagte er. »Aber jetzt komme ich aus dem Waggon da vorn. Verpflegungswagen.« Über das Wort Verpflegung stolperte er. Aber sein Deutsch war außergewöhnlich gut. Ich sagte es ihm.

»Meine Großmutter ist eine Deutsche. Eine Deutsche aus Würzburg«, erklärte er uns und steckte sich eine Zigarette an.

Es dauerte nicht lange, da hielt der Zug schon wieder. Auf der Strecke mußte anscheinend etwas nicht in Ordnung sein. Aber für uns war das in Ordnung. Der Soldat drehte sich um, überflog unsere ärmlichen Habseligkeiten und sprang ab. »Den sind wir wieder los«, sagte Peter. Doch bevor sich der Zug erneut in Bewegung setzte, war er schon wieder da. In den Armen hielt er drei Flaschen Bier und reichte jedem von uns eine hin. Aus seiner Jacke zog er drei Tafeln Schokolade und verteilte sie. Als er dann jedem von uns noch eine Schachtel Zigaretten hinhielt, sagte er: »Das kann man eintauschen.« Der Zug begann wieder zu rollen.

»Ich muß laufen«, sagte der Soldat, sprang ab und spurtete zu seinem Waggon. Wir schauten ihm nach. Er war schneller als der Zug und verschwand in einem der Waggons vor uns. Wir sahen unseren Freund nicht mehr wieder.

Am Übergang von der amerikanischen in die französische Zone kontrollierte der Zugführer alle Waggons. Er fragte uns, ob wir eine Durchfahrtgenehmigung hätten. Nein, wir hatten keine. Sein Gesichtsausdruck wurde besorgt. Er schüttelte mit dem Kopf. Peter drückte ihm eine Schachtel Zigaretten in die Hand. Der Gesichtsausdruck des Zugführers hellte sich auf. Es fiel ihm ein, daß er unseren Waggon plombieren konnte.

»Dann müssen Sie sich aber bei Kontrollen ganz still verhalten«, sagte er. »Niemand darf ahnen, daß es außer diesen hier aufgeführten Gegenständen auch Menschen in dem Waggon gibt.« Er zeigte auf den Frachtbrief, der an der Außenwand des Waggons angebracht war. Dort stand etwas von Matratzen und Haushaltsgegenständen.

Wir versprachen ihm, uns zurückzuziehen wie die Schnekken und auch so stumm zu sein wie diese Tiere.

Daraufhin setzte er eine dicke Plombe auf unsere Waggontür. »In der britischen Zone werde ich sie wieder entfernen«, rief er in den bereits verschlossenen Waggon. Dann hörten wir, wie sich seine Schritte über dem Schotter entfernten.

Jetzt war es wieder dämmrig im Waggon. Aber da während der Fahrt keine Kontrolle zu befürchten war, hatten wir die beiden Sichtklappen geöffnet. Meine Mutter und ich standen an den Schlitzen und ließen uns von Peter die Sehenswürdigkeiten entlang des Rheins erklären.

»Hier, seht ihr die Insel mitten im Fluß? Das ist die Rheinpfalz bei Kaub, und dort drüben auf dem Felsen hat die Lorelei gesungen. Siehst du die Burgen? Hier ist St. Goar und gegenüber St. Goarshausen. Du machst deine Hochzeitsreise schon vor der Hochzeit«, sagte Peter.

»Ja, und ich erlebe sie aus der Perspektive einer Kuh«, lachte ich. »Aber deine Heimat gefällt mir, sie gefällt mir sehr«, fügte ich noch hinzu und griff nach seiner Hand.

In Koblenz kamen wir am Abend an. Der Zug hielt. Wir hatten die Sichtklappen geschlossen, waren unter die Decken auf unsere Matratzen geschlüpft. Dort lagen wir stumm. Schritte näherten sich. Der Schein einer Taschenlampe drang durch den nicht ganz dichten Türspalt. »Non, non, pas ici«, sagte jemand. Die Schritte entfernten sich wieder. Nach einer Weile hörten wir, wie im Waggon neben uns an der Tür gestemmt und geschlagen wurde. Die Einbrecher sprachen weder französisch noch deutsch oder englisch. Aber waren es überhaupt Einbrecher? Und wenn ja, werden sie es vielleicht anschließend bei uns versuchen? Wir lagen da, sagten kein Wort, hörten nur nach draußen. In dieser Nacht schliefen wir nicht.

Unser Waggon wurde hin und her rangiert, und als sich der neu zusammengestellte Zug am nächsten Morgen in Bewegung setzte, atmeteten wir erleichtert auf. Hinter Andernach löste der Zugführer die Plombe, und wir schoben die Tür auseinander, ganz weit auseinander.

»Jetzt stehen wir schon fast vor den Toren Kölns«, sagte Peter. Ab da suchte ich nach dem Kölner Dom. Vorbei am Drachenfels, vorbei am Siebengebirge, wo die sieben Riesen ihre Schaufeln abgeschüttelt hatten, vorbei an der Geburtsstadt Beethovens, suchte ich nach dem Kölner Dom. Da plötzlich tauchten zwei Turmspitzen am Horizont auf, wurden größer und größer, wuchsen in den Himmel hinein. Und als unser Zug zwischen dem Gewirr der Gleise am Güterbahnhof Gereon stehenblieb, hieß mich der Dom mit den schlanken gotischen Türmen über die Trümmer hinweg in seiner Stadt willkommen.

Nach fünf Tagen und fünf Nächten war meine Hochzeitsreise zu Ende.

Ankunft in Köln

Peter ist aus dem Waggon gesprungen. Ich höre ihn draußen mit jemandem sprechen. Die Stimmen sind nah, ich höre sie deutlich, aber ich verstehe kein Wort.

»Der Waggon bleibt hier stehen, morgen früh wird er an die Kopframpe rangiert«, ruft Peter in den Waggon hinein. »Wir haben jetzt Zeit, aber die Zeit müssen wir nutzen. Kommt heraus! Kommt, wir müssen Klütten holen.«

Meine Mutter und ich springen aus dem Waggon.

»Was müssen wir holen?« frage ich.

»Klütten«, lacht Peter und zeigt auf den Haufen Briketts gegenüber zwischen den Gleisen. »Die laden wir jetzt in unseren Waggon.«

»Aber das dürfen wir doch nicht«, widerspreche ich.

»Nicht dürfen? Das hat uns sogar unser Kardinal Frings abgesegnet. Eine Maßnahme zur Selbsthilfe, wir nennen das hier fringsen. Ohne Feuer kein warmes Essen und keine warme Stube«, sagt er. »Der Rangiermeister schaut nicht hin, hat er mir versprochen, der raucht gern. Wieder eine Packung Zigaretten weniger.«

Wir bilden eine Dreierkette von dem nahen Brikketthaufen über die Gleise bis zu unserer Waggontür. Peter steht am Fundort, meine Mutter in der Mitte, klein und schmächtig, ich an der Waggonöffnung. Es werden jeweils nur zwei Briketts zugeworfen, wir fangen sie, weitab vor unserem Körper, um die Kleider nicht zu verschmutzen. Es geht ganz flott, es macht Spaß, ich hätte fast Lust zu singen.

Als der ganze Haufen abgetragen und in unserem Waggon wieder aufgeschichtet ist, sagt Peter: »So, und jetzt muß ich Onkel Toni anrufen, damit er uns einen Lastwagen schickt. Wir müssen ja irgendwie die Sachen nach Hause bekommen.«

»Und Onkel Toni hat einen Lastwagen?« frage ich.

»Nein, aber er hat eine Tankstelle, und das genügt, das

genügt für so vieles«, sagt Peter. »Weißt du, das ist alles ein bißchen kompliziert. Ich werde es dir später erzählen.« Er entfernt sich zwischen den langgestreckten Gleisen in Richtung Bahnhofsgebäude.

Als Peter wieder in den Waggon klettert, ruft er: »Alles in Ordnung! Morgen früh holt uns Schubert mit dem Lastwagen, wir müssen heute noch bei unseren Sachen bleiben.« Ich weiß zwar nicht, wer Schubert ist, aber daß er uns abholen wird, ist beruhigend. Wir schlüpfen unter die Decken, strecken uns auf den Matratzen aus.

»Weißt du, daß das unsere letzte Nacht hier ist?« flüstert mir Peter ins Ohr, und es klingt fast traurig.

»Was hast du vorhin mit dem Mann da draußen gesprochen?« fragt meine Mutter. »Wir haben genau zugehört und doch nichts verstanden.«

»Das war Kölsch«, sagt Peter. »Wir Kölner haben die zweite Lautverschiebung nicht mitgemacht, dafür haben wir in der deutschen Sprache einige andere Laute verschoben.« Auf einmal lacht er auf und sagt: »Ming nüng Hüng han Ping.«

»Was«, frage ich, »was hast du da gesagt? Kannst du Chinesisch?«

»Ja, original Chinesisch«, bestätigt Peter und dehnt sich wohlig im Bett.

Ich stupse ihn in die Seite. »Jetzt sei doch mal ernst und sag uns, was das bedeutet.«

»Ganz einfach: Meine neun Hunde haben Schmerzen.« Das soll einfach sein? Ich werde es niemals lernen, denke ich. Und es wird noch vieles geben, was ich in der vor mir liegenden Zeit lernen muß. Noch vieles.

Am nächsten Morgen steht der kleine Lastwagen des kleinen Helmut Schubert an der Kopframpe. Unser Waggon auch. Wir beginnen umzuladen. Der Lastwagen wird immer voller, der Eisenbahnwaggon immer leerer. Schließlich liegt in der äußersten Ecke nur noch ein rotes Kreuz. Die weiße Fahne, ringsum fein säuberlich abgetrennt von dem internationalen Zeichen der Hilfe, liegt in kleinen

Vierecken über Deutschland verstreut. Uns hat sie geholfen. Ich hole das rote Kreuz aus der Ecke, falte es und
stecke es in den Koffer. Als Souvenir unserer vorgezoge-
nen Hochzeitsreise.

»Wir können einsteigen«, sagt Peter und klettert hinauf zu
den Klütten und Kartoffeln, zu den Matratzen und den
Koffern. »Ihr könnt euch zu Schubert ins Führerhaus
setzen.«

»Aber was ist das denn?« rufe ich zu Peter hinauf und zeige
auf einen schwarzen Kessel an der Seite zwischen Führerhaus und Ladefläche.

»Der Wagen fährt mit Holzgas!« ruft Peter herunter. »Paß
auf, der Holzkocher fängt gleich an zu qualmen.«

Und das tut er auch. Der Rauch steigt am Fenster des
Führerhauses hoch, als wir neben Herrn Schubert sitzen
und durch die Straßen Kölns fahren.

Links und rechts begleiten uns Hausruinen, die mit hoh-
len Fensteraugen auf die umliegenden Trümmer nieder-
sehen.

»Wie die Augen eines Totenschädels«, sagt meine Mutter.
»Die armen Menschen.« Das Grauen der Bombennächte
hat seine Reliquien hinterlassen. Doch dazwischen immer
wieder Häuser, die noch bewohnt zu sein scheinen. Und
von allen Seiten weithin sichtbar der Kölner Dom.

Das Haus in der Merheimer Straße, vor dem Schubert
seinen Wagen zum Stehen bringt, ist bewohnt. Als wir aus
dem Führerhaus klettern, öffnet sich die Tür, und die
Eltern von Peter schließen uns in ihre Arme.

»Wir haben uns solche Sorgen um euch gemacht«, sagt
sein Vater. »Aber jetzt seid ihr da, ihr seid da!« Sie umar-
men jubelnd ihren Sohn. Und der Jubel steigert sich noch,
als beim Abladen außer Koffern und Matratzen auch noch
Klütten und Kartoffeln zum Vorschein kommen. Im Keller
wird für diese Kostbarkeiten sofort Platz geschaffen. Die
Matratzen, die in den nächsten Tagen von Dr. Urban
abgeholt werden sollen, stellen wir vorläufig in den Flur
des kleinen Hauses.

»Und jetzt zeige ich euch euer Zimmer«, sagt Peters Mutter. Es ist ein kleiner Raum am Ende des Flurs. Ein Bett, ein Schrank, ein Tisch, drei Stühle und in der Ecke ein kleiner Ofen. Das ist das Inventar. »Ich schlafe bei Onkel Toni«, sagt Peter.

Als ich am Abend zusammen mit meiner Mutter in einem Bett liege, sagt sie: »Ich fahre immer noch.«

Ich auch. Meine Augen sind geschlossen, unter mir holpert und rattert es auf und ab, hin und her. Immer noch bewegt sich die Welt unter mir.

Zwei Monate später schläft mein Vater neben uns auf dem Fußboden zwischen Schrank und Tisch.

Jetzt können wir heiraten. Die Familie ist vollständig. Wir feiern die Hochzeit in der Wohnküche von Onkel Toni mit Pferdefleisch und Limonadenbier. Aber es wird gelacht, wir sind glücklich.

Guillotine

»Das ist die neue Wohnung«, sagt Peter auf der vierten Etage eines Eckhauses in der Niehler Straße.

»Von hier aus kann man geradewegs in den Himmel sehen.« Ich schaue durch ein großes Loch im Dach, neben dem es noch unzählige kleinere gibt.

»Ja, ja. Das Dach müssen wir natürlich decken, einen neuen Plafond über den Zimmern einziehen und den Schutt beseitigen«, sagt Peter und steigt über einen Haufen Schutt. Überall liegt er bergeweise herum.

»Ja, ja. Das müssen wir tun. Aber kannst du ein Dach decken, kannst du einen Plafond einziehen?« frage ich Peter.

Er kann es nicht. Aber Kickler wird das alles machen, und wir werden ihm dabei helfen.

»Wer ist Kickler?«

Jetzt erfahre ich von dem geheimnisvollen Reichtum der Großtankstelle Onkel Tonis, erfahre von den unterirdischen Behältern, die bei Kriegsende noch mit Resten von Benzin gefüllt waren und deren Inhalt, nicht registriert, abgepumpt in Fässern, an einem geheimen Ort sicher lagerte als Hilfsquelle für alle Verwandten und Freunde von Onkel Toni. Eine große Hilfe auch für uns.

Benzin und Benzinmarken sind ein wertvolles Tauschobjekt. Man kann sie in Brot, Butter oder Bleche verwandeln, man kann mit ihnen auch Arbeitskräfte bezahlen. Sie sind vielseitig verwendbar.

An unserem neuen Zuhause arbeiten alle mit. Mein Vater mit Peter und Kickler oben in den Räumen, die wieder eine Wohnung werden sollen, ich unten auf der Straße.

Ein mit Schutt gefüllter Eimer schwebt an einem Seil über meinem Kopf näher und näher, bis er unten auf dem Bürgersteig aufstößt. Ich kippe den Schutt vor die Längswand des Hauses. Der leere Eimer schwebt wieder nach oben. Der nächste gefüllte Eimer kommt auf mich zu. So geht es Stunde um Stunde, Tag um Tag.

Und dann ist plötzlich Ende. Das Seil hat keine Lust mehr weiterzumachen. Es reißt. Der schwere Eimer zielt auf meinen Kopf. Ich springe zur Seite, im letzten Moment. Der Eimer kracht neben mir auf den Bürgersteig. Ich taumle gegen die Hauswand, will mich anlehnen. Aber da halten mich schon zwei Arme fest.

»Nie, nie mehr darfst du dich unter diese Guillotine stellen. Nie mehr«, höre ich Peter sagen. Er führt mich hinauf in die Wohnung, zum »Muckefuck«.

Die restlichen Eimer trägt er selber durch das Treppenhaus auf die Straße.

Ich bin inzwischen Operationsschwester auf der vierten Etage geworden. Statt Skalpell und Tupfer reiche ich Hammer und Meißel, Bohrmaschine und Nägel an. Peter steht mit meinem Vater auf dem Dach. Sie legen Bleche, die von einer Konservenfabrik stammen, schuppenartig übereinander und nageln den Himmel zu.

Da es weder Zement noch Kalk gibt, hat Kickler Stroh und Lehm mit seinem Dreirad, Marke Tempo, gebracht. In einem Bottich verrühre ich das kleingehackte Stroh mit Lehm und Wasser zu einem zähen Brei, mit dem Kickler die Löcher im Plafond und in den Wänden verschließt. Darüber zieht er eine dünne Schicht aus Gips und Kreide. Frau Schmitz, die im dritten Stock wohnt, bringt uns jeden Nachmittag eine Kanne Muckefuck-Kaffee und überzeugt sich von dem Fortgang der Arbeit. Acht Wochen lang kommt sie. Dann ist es soweit: Das Dach ist gedeckt, der Plafond und die Wände sind verputzt. Mit einer Gummirolle wurden bunte Muster auf die weißen Wände gerollt, die Fußböden mit den Brettern vom Dachboden geflickt. Die Fenster sind neu verglast. Wir könnten Richtfest feiern, aber das wäre Verschwendung, die wir uns nicht leisten dürfen.

Die beiden Zimmer, die Wohnküche, der lange Flur sind weiß und leer. Peter gelingt es, diese Leere zu füllen. In das Zimmer meiner Eltern werden die Möbel des kleinen Raumes aus der Merheimer Straße gestellt. Für die Küche und unser Zimmer mietet er uralte Möbel. Wir haben zwar wieder nur ein Bett, dafür aber steht an der Längswand neben dem Fenster ein Klavier aus dem vorigen Jahrhundert. Oder kommt es aus dem vorvorigen?

In der ersten Nacht, die wir in unserer neuen Wohnung im uralten Bett verbringen, regnet es auf das Blechdach.

»Hörst du, da oben spielen sie das Regentropfen-Prelude von Chopin«, flüstert Peter.

»Nein, das ist der Himmel«, flüstere ich zurück. »Ihr habt ihn zugenagelt. Wenn wir ihn nicht mehr sehen können, will er, daß wir ihn wenigstens hören.«

»Du hast recht, es ist der Himmel«, sagt Peter ganz leise an meinem Ohr. »Es ist der Himmel.«

Mitten in der Nacht schrecken wir hoch. Ein lauter, schriller Knall mit Nachhall. Peter und ich sitzen aufrecht im Bett.

»Was war das?« frage ich, und meine Stimme zittert. Wir lauschen beide angestrengt ins Dunkel. Und da, noch einmal!

Wieder ein Knall. Dieses Mal etwas dumpfer. Und wieder ein Nachhall.

»Mein Gott, was ist das denn?« Ich klammere mich an Peter. Er scheint jetzt ruhiger geworden zu sein.

»Das ist Chopin«, sagt er.

»Mach dich nicht lustig. Vielleicht ist eine Handgranate im Gemäuer explodiert. Vielleicht . . .«

»Nein, es ist Chopin«, beharrt Peter. »Weißt du, der Stimmstock in dem alten Klavier ist ganz aus Holz, und die Wirbel halten nicht mehr so fest. Es haben sich zwei Saiten gelokkert.«

»Und jetzt, was machen wir jetzt?« frage ich.

»Jetzt werden wir weiterschlafen«, sagt Peter und legt sich zurück in die Kissen.

»Aber morgen, morgen werde ich die Wirbellöcher mit einem Streichholz füllen und sie neu eindrehen.«

104

»Werde ich wieder spielen können?«

»Natürlich«, beruhigt mich Peter. »Aber«, sagt er einschränkend, »das kann uns noch öfter passieren.«

Und es passierte noch sehr oft. In vielen der darauffolgenden Nächte wurden wir von den Tropfen des Himmels und von dem Geist Chopins begleitet. Und wie viele Streichhölzer in die Wirbellöcher gewandert sind, habe ich nicht gezählt.

Wolle

Unsere Wohnung riecht nach Farbe. Sie riecht nach neu. Ich konstatiere gerade, daß die uralten Möbel einen reizvollen Gegensatz zu diesem »neu« bilden, als es klingelt.
Ich laufe durch den langen Gang und öffne die Tür.
Vor mir stehen zwei Polizisten, zwischen ihnen ein weißer Sack. Polizei? Was will die Polizei von mir? Seit zwei Jahren erschrecke ich vor jeder Uniform.
»Suchen Sie etwas bei mir?« frage ich, und meine Stimme ist bemüht, ganz gleichgültig zu klingen.
»Wir suchen nichts. Wir bringen Ihnen etwas. Wäsche.«
»Wäsche?«
»Ja, Ihr Mann hat uns gebeten, Ihnen die Wäsche zum Waschen zu bringen, und weil wir ohnehin die Niehler Straße runter mußten, haben wir sie gleich mitgenommen. Hier ist sie.«
Die beiden Polizisten schieben den weißen Sack zwischen die Tür, tippen mit der Hand an ihre Mütze und gehen zur Treppe. Einer dreht sich noch einmal um und ruft lachend zurück:
»Aber sauber muß sie werden!«
»Danke«, stammle ich, »danke.« Mehr ist aus mir nicht herauszubekommen.
Ich ziehe den Sack durch den Flur in die Küche. Wäsche soll ich waschen? Leibwäsche oder Bettwäsche? Nein, vielleicht Tischdecken und Handtücher für ein Hotel. Ich befühle den Sack von außen. Das, was drin ist, fühlt sich sehr weich an.
Ich bin neugierig, mehr als neugierig. Die vielen Knoten und Schlingen, mit denen der Sack zugeschnürt ist, werde ich nicht mit der Hand lösen. Ich hole die Schere. Ratsch, ratsch, ratsch. Die Schnüre fallen ab, und der Sack öffnet sich. Zum Vorschein kommt – Wolle! Hellblaue weiche Wolle! Keine Unterhosen, keine Bettlaken und keine Tisch-

decken, sondern Wolle! Zu Ballen übereinander und nebeneinander gepreßt.

»Waren sie da?« fragt Peter gleich an der Tür, als er nach Hause kommt. »Verzeih mir. Ich habe dich überrumpelt. Aber es hat sich alles so ergeben. Vielleicht war es ein Fehler.«

Er geht in die Küche und sieht den weißen Sack. »Vielleicht war auch alles andere ein Fehler.«

Er setzt sich an den Tisch, stützt den Kopf in die Hände und seufzt.

»Was hat sich da so ergeben?« will ich wissen und setze mich ihm gegenüber.

»Ach, weißt du, die Kartoffeln aus Furth im Walde existieren ja nicht mehr, und da habe ich gedacht, ich mache es.«

»Was willst du machen?« frage ich weiter.

»Ein Bekannter eines Bekannten hat gemeint, ich könnte versuchen, die Wolle in Kartoffeln zu verwandeln oder in Brot oder in Butter. Er ist bei der Rheinlandwolle beschäftigt und hat den Sack zur Tankstelle gebracht. Ich war zufälligerweise bei Onkel Toni. Da habe ich gedacht, ich müßte es wirklich versuchen. Und gleich darauf kamen auch noch zwei Polizisten mit ihrem Peterwagen zu Besuch. Onkel Toni fuhr mit ihnen als Hilfspolizist in den letzten Kriegsmonaten auf Streife. Und da habe ich ihnen den Sack als Schmutzwäsche mitgegeben. Wahrscheinlich war das alles falsch.« Peter seufzt wieder.

»Und jetzt, was tun wir jetzt?« frage ich.

»Ich weiß es noch nicht, der Bekannte des Bekannten will Geld, viel Geld, und wir sollen die Wolle verkaufen.«

»Und wem sollen wir die Wolle verkaufen?«

»Auch das weiß ich nicht, ich weiß es wirklich nicht«, wiederholt Peter.

Wir sitzen einander ratlos gegenüber, denken uns irgendwelche Möglichkeiten aus und verwerfen sie wieder.

»Meinst du nicht, die Butterfrau im Grünen Hof könnte uns weiterhelfen?« frage ich.

»Willst du es versuchen?« Peters Stimme klingt bittend.

Am nächsten Vormittag stehe ich in der Küche der Butter-frau. Sie schüttelt den Kopf. »Ich arbeite nur in Butter«, sagt sie. »Aber warten Sie mal. Die Frau Müller macht in Wolle! Geben Sie mir Ihre Adresse, ich schicke Ihnen Frau Müller.«

Ich zögere etwas, aber was bleibt mir denn übrig. Das ist unsere einzige Chance.

»Ja, ich mache in Wolle«, sagt Frau Müller noch am gleichen Abend bei uns. Sie greift in den Sack und zieht einen hellblauen Ballen heraus. Mit Kenneraugen und Kennerhänden prüft sie die Qualität.

»Das müßte gehen«, sagt sie schließlich. »Das läßt sich verkaufen. Ich habe Stammkunden entlang des Rheintals. Aber die Ballen sind zu groß, viel zu groß. Ich brauche Stränge von je 100 Gramm. Können Sie mir wenigstens vier Pfund für morgen zurechtmachen?«

»Wir werden es versuchen«, sagt Peter. Und dann etwas leiser: »Wieviel zahlen Sie für 100 g?«

»300 Mark«, sagt Frau Müller und geht zur Tür. »Also bis morgen.«

Nachdem sie gegangen ist, schaut mich Peter an und sagt: »Bei dem Preis müßte uns wirklich noch etwas übrigblei-ben für Kartoffeln oder Butter oder Brot. Vielleicht sogar für Kartoffeln *und* Butter *und* Brot.«

»Aber wir haben ja keine Waage«, unterbreche ich sein Schwärmen. »Wie sollen wir auf genau 100 g kommen?«

»Ich frage im Haus nach, ob uns jemand eine Waage leihen kann.«

Es dauert nicht lange, und er kommt tatsächlich mit einer Küchenwaage zurück. Aber es dauert sehr lange, bis tief in die Nacht hinein, bevor die zwanzig Stränge mit je 100 g hellblauer Wolle vor uns auf dem Tisch liegen.

Am nächsten Abend zeigen wir sie Frau Müller, und sie ist zufrieden. Die Tasche, die sie mitgebracht hat, wird voll.

»Das macht 6000 Mark«, sagt Peter.

»Ich rechne mit Ihnen ab, sobald ich die Wolle verkauft habe.«

»Erst nachher? Nein, so geht das nicht«, wehrt sich Peter.
»Wir kennen Sie nicht. Sie müssen jetzt zahlen.«

»Das kann ich nicht. Ich habe kein Geld. Aber Sie können mir wirklich vertrauen. Wirklich.«

»Wie können wir das wissen?« fragt Peter skeptisch, obwohl ich den Eindruck habe, daß diese Frau, die uns so offen in die Augen schaut, nicht lügt.

»Ich habe auch kein Geld, ich brauche Sicherheit«, sagt Peter.

Frau Müller stellt die Tasche auf den Boden und faßt zögernd nach dem Ring an ihrer rechten Hand. Langsam, als hätte sie sich noch nicht recht entschlossen, streift sie ihn von ihrem Finger und hält ihn Peter hin.

»Er ist aus Gold«, sagt sie. »Das wird für Sie wertvoll sein. Es ist mein Ehering, und er ist für mich wertvoll. Ich lasse ihn als Pfand hier und werde ihn mit der letzten Wolle wieder einlösen.«

»Vielleicht hätte ich ihr den Ring doch nicht abnehmen sollen«, sagt Peter, als sie gegangen ist.

Am nächsten Abend zählt Frau Müller 6000 Mark auf den Tisch, und Peter reicht ihr den Ehering zurück. Sie steckt ihn schnell an ihren Finger.

»Danke«, sagt sie, »danke« und füllt ihre Tasche mit weiteren Wollsträngen zu je 100 g. »Morgen abend komme ich wieder.«

Und sie kommt. Sie kommt noch einige weitere Abende, bringt pünktlich das Geld und nimmt neue Ware mit.

Unser Sack wird immer leerer, der Schuhkarton, der uns als Kasse dient, immer voller.

»Das Abwiegen wird mir fehlen«, sage ich, als ich die letzte Wolle auf die Waage lege. »Ich habe mich so daran gewöhnt. Aber jetzt mußt du zu dem Bekannten deines Bekannten.«

»Ja, das muß ich«, sagt Peter. »Er hat uns ohne das Pfand eines Eheringes vertraut. Aber wir hätten ja auch keinen Ehering zu verpfänden gehabt.«

Peter zählt die Geldscheine für die vereinbarte Summe ab.

Es ist ein dicker Packen. Den Rest schiebt er zu mir über den Tisch herüber. »Das sind Kartoffeln *und* Brot *und* Butter«, sagt er und lacht.

Schule

»Sie werden die fünfte Klasse übernehmen«, sagt mir Herr Weiher im Konferenzzimmer der Volksschule am Vogelsanger Markt. Er ist hier Direktor. Groß, weißhaarig, steht er vor mir.

»Kommen Sie bitte am Montag um 8 Uhr.«

Ich habe die Stelle als Schulhelferin angenommen, um die Wartezeit bis zu meiner Immatrikulation an der Universität zu überbrücken. Das würde etwa zwei Jahre dauern, sagte man mir, weil die heimkehrenden Soldaten Vorrang hätten.

Am Montag stehe ich pünktlich um 8 Uhr vor einer Klasse mit elfjährigen Mädchen. Einen Lehrplan habe ich nicht bekommen und auch keinerlei Bücher oder sonstige Lehrmittel, und doch soll ich die ganze Palette von Fächern unterrichten. Deutsch, Rechnen, Geschichte, Erdkunde, Musik und auch Englisch. Meine Klasse soll die einzige sein, in der auch Englisch als Unterrichtsfach aufgenommen wird.

Wie soll ich das alles fertigbringen, wo doch die Vorkenntnisse schon in der deutschen Rechtschreibung so dürftig sind und die Schülerinnen keine Bücher haben? Es ist schwieriger, die Köpfe der Mädchen mit Wissen zu füllen, als ihre Töpfe bei der Schulspeisung mit einem Schöpflöffel Suppe. In der Regel ist es Puddingsuppe. Sie riecht nach Vanille oder Schokolade. Wie sie schmeckt, weiß ich nicht. Sie ist nicht für Lehrer bestimmt.

Lehrern ist bestimmt zu unterrichten. Ich versuche es. Ich schreibe Worte mit doppelten Vokalen an die Tafel: Meer, See, Boot, Aas, Moos, Schnee, leer, und sage den Mädchen, wir wollen uns jetzt alle zusammen mit diesen Wörtern eine Geschichte ausdenken.

»Kann mir jemand einen Satz mit Meer sagen?« frage ich. Ingrid meldet sich. »Ich sitze am Strand des Meeres«, sagt sie. »Sehr gut. Und jetzt vielleicht einen Satz mit Boot?« Da schnellen schon einige Hände hoch. »In der Ferne sehe ich ein Boot«, sagt Erika. »Es ist in Seenot«, ruft Liese. Jetzt wird es dramatisch. »Bald werden Aasgeier fliegen«, kommt es rückwärts aus der rechten Ecke. Auch Moos und Schnee und leer werden noch untergebracht. Wir versuchen, die Geschichte noch ein bißchen auszuschmücken, und dann frage ich, wer den ersten Satz an die Tafel schreiben will. Ingrid schreibt ihren Satz und unterstreicht das doppelte *e* in Meer. Erika schließt sich an. Und so geht es weiter, bis die kleine Geschichte mit den unterstrichenen Wörtern an der Tafel steht. Die Mädchen haben ihren Spaß daran.

Als Hausaufgabe sollen sie lose Sätze oder eine zusammenhängende Geschichte mit folgenden Wörtern mit Dehnungs-h schreiben: Fahrt, kahl, fahl, roh, Draht, Naht. In der Pause auf dem Schulhof höre ich, wie sie sich schon Geschichten ausdenken.

Beim Rechnen darf immer abwechselnd ein Mädchen Lehrerin spielen. Sie schreibt an die Tafel Zahlen untereinander. Eine Schülerin muß sie addieren. Die gewählte Lehrerin muß kontrollieren, ob alles richtig ist. Dieses Spiel erweitern wir auch auf die anderen Grundrechenarten.

Im Englischunterricht ist es etwas schwieriger. Wie sollen sich die Mädchen englische Vokabeln merken? Bücher oder sonstige Lehrmittel gibt es nicht. Für keines der Fächer. Peter hilft mir, das Problem zu lösen. Er besorgt weiße DIN-A4-Bögen und zeichnet auf dem ersten ein kleines Mädchen. Auf dem zweiten einen Jungen. Dann einen Hut und eine Kappe. Dann Schuhe, Hosen und, und, und . . . Es kommt eine ganze Menge zusammen.

In jeder Englischstunde hefte ich sechs Bögen an die Tafel und zeige auf die Blätter. »This ist a boy and this is a girl. This is a cap not a hat.« Es kommen immer weitere Bilder hinzu. Den Mädchen macht es Spaß. Nach der Stunde helfen sie mir, die Bögen mit Reißbrettstiften an die Wände des Klassenzimmers zu heften.

»These are shoes not trousers«, lachen sie dabei. Bald sind alle Wände mit Bildern dekoriert.

Wir sollten auch singen, denke ich. Aber ich kenne nur ein einziges englisches Lied: »It's a long way to Tipperary.« Das kann ich doch unmöglich mit den Kindern singen. Oder doch? Soll ich es wagen? Ich wage es. Meine Mädchen schmettern »It's a long way to Tipperary, it's a long way to go. It's a long way to Tipperary, to the sweetest girl I know.« Sie schmettern es bei geöffneten Fenstern über den Schulhof in den Frühling hinein.

Aber es bleibt nicht Frühling, und ich bleibe nicht an der Schule. Es kommt der Tag, der vieles ändern wird. Der 20. Juni 1948. Der Tag der Währungsreform, an dem ich als Helferin eingesetzt bin.

Die Herren neben mir an dem langen Tisch kontrollieren die Ausweise, blättern die neuen Geldscheine hin, und ich habe in der Liste Namen abzuhaken. Von morgens bis abends schieben sich Menschen an unserem Tisch vorbei. Ich sehe keine Gesichter, sehe nur Namen in meiner Liste.

Und am nächsten Tag sehe ich die Schaufenster der Geschäfte, gefüllt mit Fleisch und Obst und Brötchen und Kleidern und . . . Das erste Wunder des Wirtschaftswunders.

Jetzt soll ich an der pädagogischen Hochschule meine Ausbildung als Volksschullehrerin abschließen.

»Warum wollen Sie es nicht?« fragt der Regierungsrat, der mich ins Schulamt vorgeladen hat. »Aus den Berichten über Sie entnehme ich, daß Ihnen das Unterrichten Freude macht.« Er schaut über den Schreibtisch zu mir herüber. »Warum nehmen Sie unser Angebot nicht an?«

»Ich warte auf einen Studienplatz an der Universität.«

»Wissen Sie, wie lange Sie da warten müssen?«

»Nein, ich weiß es nicht genau, aber ich will warten.«

»Das tut mir leid«, sagt er.

Und mir tut es leid, daß ich nur noch drei Monate vor meinen Mädchen stehen werde. Die Wochen vergehen viel zu schnell.

Der letzte Tag ist gekommen. Ich betrete den Klassenraum und weiß nicht, wo ich zuerst hinschauen soll. Die Tafel ist mit Blumengirlanden eingefaßt. In großen Lettern steht zwischen den Blüten: Für unsere Lehrerin. Auf dem Tisch seitlich von der Tafel liegen größere und kleinere Päckchen. Einige Mädchen in den Bänken halten Blumensträuße in die Höhe.

»Das ist doch nicht etwa alles für mich?« frage ich und versuche meine Rührung zu verbergen.

»Für Sie, alles für Sie!« rufen die Kinder durcheinander. Sie springen von den Bänken auf und kommen auf mich zu. Ich hatte mir eine kleine Abschiedsrede zurechtgelegt, aber dazu kommt es nicht. Die Klasse steht um mich herum. Blumensträuße werden mir hingehalten, kleine Päckchen entgegengestreckt. Die Gerti schluchzt auf, die Doris auch, und bald bin ich von einem schluchzenden Chor umstellt. In der Mitte eine Lehrerin, die mit ihren Kindern weint.

Ich wische mir die Tränen von den Wangen. Ich schäme mich nicht.

Auf dem Gang wartet eine junge Frau, die Mutter einer Schülerin, auf mich. Ich stehe mit Blumen und Päckchen beladen vor ihr.

»Helga ist krank«, sagt sie. »Helga liegt im Bett. Sie übergibt sich. Und das alles wegen Ihnen.«

»Wegen mir?« frage ich. »Wieso ist sie wegen mir krank?«

»Weil Sie hier weggehen. Eigentlich müßte ich eifersüchtig sein«, sagt Frau Franke und schaut zu Boden. »Aber ich möchte Sie bitten, meinem Kind zu helfen.«

»Wie kann ich das?«

»Setzen Sie sich an ihr Bett, und sagen Sie ihr etwas, irgend etwas, das sie tröstet.«

»Mein Mann ist im Krieg gefallen, und Helga ist jetzt alles, was ich habe«, sagt Frau Franke auf dem Weg zu den kleinen Häusern der Gartenkolonie.

Als ich die Tür öffne, versucht sich Helga im Bett aufzurichten, aber sie fällt wieder in das Kissen zurück. Braune

Locken umrahmen das blasse schmale Gesicht mit den dunklen Augen. Ich nehme ihre Hand in meine und streichle sie. »Werden Sie wiederkommen?« fragt Helga ängstlich. »Werden Sie wieder in die Schule kommen?«

»Ach, weißt du«, sage ich, »in der Schule sind wir zwei doch niemals allein. Es wäre viel besser, wenn du mich bei mir zu Hause besuchen wolltest.«

»Darf ich kommen, darf ich?« fragt sie schnell. Helga setzt sich mit einem Ruck im Bett auf. Es gelingt ihr. Sie schlingt die Arme um meinen Hals, und ich spüre, daß sie viel Kraft hat.

Noch auf der Straße fühle ich ihre Arme. Ich schaue mich um. Dort drüben steht das Viereck des Schulgebäudes. Farewell Piccadilly! Leb wohl, Vogelsanger Markt. Vor mir liegt ein langer Weg nach Tipperary. Ein langer, unbekannter Weg, ohne Verkehrsschilder.

Die Stunde eins hat für mich begonnen.

Die Autorin

Olly Komenda-Soentgerath wurde am 23. Oktober 1923 als Deutsche in Prag geboren. Sie studierte Germanistik und Geschichte an der Karlsuniversität. Erste Gedichte und Kurzgeschichten erschienen im »Prager Tagblatt«. Seit 1946 lebt sie in der Bundesrepublik Deutschland, wo sie, bedingt durch ihre private Lebenssituation, relativ spät zu veröffentlichen begann. Bereits 1982 übersetzte sie Gedichte von Jaroslav Seifert, der 1984 den Nobelpreis für Literatur erhielt. Seifert übertrug seinerseits die Gedichte von Olly Komenda-Soentgerath ins Tschechische und veröffentlichte sie in Prag.
Die Gedichte von Olly Komenda-Soentgerath erschienen in zahlreichen Anthologien, Zeitungen und Zeitschriften. Sie wurden in Funk und Fernsehen gesendet, vertont (Schallplatten) und in mehrere Sprachen übersetzt und veröffentlicht. Die Autorin ist Mitglied des PEN-Clubs.

Das Werk, Lyrik

1979 Das andere Ufer, Wien
1981 Das schläft mir nachts unter den Lidern, Waldbrunn 1. Auflage
1981 Wasserfall der Zeit
1983 Mit weniger kann ich nicht leben, Waldbrunn
1985 Netopýří mlčení (Fledermausschweigen), Prag
1986 Unerreichbar nahe, Eisingen
1986 Ein Strahl von deinem Licht, München
1987 2. Auflage
1988 Co mi spí v noci pod víčky, Prag
1989 Nedosažitelně blízko, Prag
1990 Das schläft mir nachts unter den Lidern, Eisingen 2. erweitere Auflage.

Übertragungen ins Deutsche

1982 Jaroslav Seifert
      Im Spiegel hat er das Dunkel, Waldbrunn
1985 Was einmal Liebe war, Hanau
1986 Gedichte in: Ein Himmel voller Raben, München

Zu Werk und Person (Auswahl)

1983 Karl Krolow:
      »Olly Komenda-Soentgerath: Neue Gedichte«.
      In: Mit weniger kann ich nicht leben, Waldbrunn.
1985 Jaroslav Seifert: »Nachwort«.
      In: Fledermausschweigen, Prag.
1986 Heinz Piontek: »Überlegungen«.
      In: Ein Strahl von deinem Licht, München.
1986 Hans Bender: »Äußerungen des Lebens«.
      In: Unerreichbar nahe, Eisingen.
1988 Jaroslav Seifert: »Wahrnehmungen«.
      In: Co mi spí v noci pod víčky, Prag

Gerda Hoffer
Ererbt von meinen Vätern
400 Jahre europäisches Judentum
im Spiegel einer Familiengeschichte

160 Seiten, Paperback DM 22,00
ISBN 3-8046-8744-X

Simon der Jude, ein Hausierer, der vor 400 Jahren in
den Dörfern Südböhmens seine Waren feilbot,
ist keine Romanfigur, sondern der Urahn Tausender
von Menschen, die heute überall in der Welt leben,
ohne viel über die Geschicke ihrer Vorfahren zu
wissen. Mit ihm beginnt die Autorin ihre Schilderung
der Sozial- und Wirtschaftsgeschichte des
mitteleuropäischen Judentums im Spiegel der
eigenen Familiengeschichte. Schauplatz ist vor allem
Prag, das lange das Zentrum jüdisch-religiösen
Lebens und Lernens war. Sehr anschaulich und
detailliert wird auf die meist schwierigen Bedingungen
und Probleme der jeweiligen Epochen eingegangen –
wie etwa die Fragen und Auseinandersetzungen
um Assimilation, Emanzipation, Zionismus, Sozialismus
oder die Bestrebungen, die Judenfrage durch die
Taufe zu lösen, aber auch auf die tragische Naivität
vieler Juden, die das Herannahen der Katastrophe
nicht wahrhaben wollten. Eine faszinierende
und aufschlußreiche Darstellung und
Dokumentation jüdischen Lebens und Wirkens über
13 Generationen bis in die Gegenwart.

Verlag
Wissenschaft
und Politik
Köln